Leaves Publishing

根　以讀者為其根本

莖　用生活來做支撐

葉　引發思考或功用

果　獲取效益或趣味

孫子，你在說什麼？

王心慈◎編著

忘憂草ORANGE DAYLILY

孫子，你在說什麼？

編　著　者：王心慈
出　版　者：葉子出版股份有限公司
發　行　人：賴筱彌
總　編　輯：賴筱彌
企　　　劃：陳裕升・汪君瑜
責　任　編　輯：林淑雯
文　字　編　輯：李俊賢
內　頁　插　畫：馮湘陵
美　術　編　輯：靜薰(nana)・莊馥樺
封　面　設　計：呂慧美
印　　　務：黃志賢
地　　　址：台北市新生南路三段88號7樓之3
電　　　話：(02)23635748　　傳　真：(02)23660313
E－mail：service@ycrc.com.tw
網　　　址：www.ycrc.com.tw
郵　撥　帳　號：19735365　　　　戶　名：葉忠賢
印　　　刷：鼎易印刷事業股份有限公司
法　律　顧　問：北辰著作權事務所
初　版　一　刷：2004年4月　　　定　價：港幣 65 元
I　S　B　N：986-7609-13-1

香港總經銷：全力圖書有限公司
地　　　址：香港新界葵涌打磚坪街58-76號和豐工業中心1樓8室
電　　　話：(852)2494-7282
傳　　　真：(852)2494-7609

孫子，你在說什麼？／王心慈編著.
初版.--台北市：葉子, 2004〔民93〕
　面：　公分.--（忘憂草）
　ISBN 986-7609-13-1（平裝）
1.孫子兵法　　2.謀略學--通俗作品

　177　　　　　　　　　92021207

前言

　　在漫悠的中國歷史中，有些人留下的影響力既深且遠，他們的思想、智慧、勇氣、智謀、道德，成為我們學習與效法的對象。透過他們所留下來的有限文字及資料，讓我們得以速成的方式了解人生的內涵，進而正視、規劃自己的人生。

　　現在的世界，多采多姿，詭譎萬變。這是古人沒有辦法想像的。但現代人真的比古人更了解自己的世界、更洞悉生命意義嗎？這也是現代人沒有辦法回答的。這個世界急遽發展的結果，除了速食文化之外，又讓現代人知道了些什麼呢？又懂得了些什麼呢？這又是令人尷尬、難回答的問題。

　　從此一叢書中，我們可以看到，有的先人以自己的思想著作影響世人，有的先人自己親身創造歷史，有的先人只想做天空裡的一片雲，卻不小心時時投影在你、我的心中。在歷經千年、百年後，在中國文化已然變質的今日，他們的人生依然讓我們心嚮往之，他們深藏在心底的智慧，依然以瀟灑、曠達、智詰、謀略、自然……的姿態展現在我們的眼前。

　　以一書一人物的活潑、輕鬆筆調請這些看似高居雲端的先人們走入凡間，走入我們的生活裡，一起探討我們所遺失的智慧在哪裡？我們是否太粗心，以致於讓智慧擦肩而過？我們的生活是否因為充塞了沒有生命的資訊而失去了生機？我們的人生是否應該做某種程度的調整，甚至和古聖先賢做連線？

　　《孫子，你在說什麼？》一書，是以故事的形式表現，在每篇的文末皆附有小小的生活智慧，供讀者省思。先人的智慧有如流水，有的人看見水奔流不息，想到自己應該學習它，不捨晝夜地奔赴理想；有的人看見水滋潤萬物，想到自己應該效法它，源源不斷地養護生命。先人的智慧，因為有您的省思，不再是死的資訊；先人的智慧，因為有您的學習和效法，它活在您人生的每一分秒中。

編輯部

目錄

說到做到才有信服力

春秋末期，那時的吳國比中原各國落後，且長期遭受強大楚國的欺凌。吳王闔廬是一位勵精圖治，奮發圖強的君王，他「食不二味，居不重席，室不崇壇，器不彤鏤」，一心想要振興吳國。伍胥深知吳王的抱負，以及思賢若渴的心情，同時，他也了解孫武是一位不可多得的軍事天才，於是就把孫武推薦給吳王，並且在一天之內推薦了七次。吳王聽後，決定召見。於是孫子帶著他寫的《孫子兵法》去見吳王。這次會見引出了一則十分精采而又令人玩味的故事。

　　據說吳王見到孫子，想拜孫武爲將軍，但畢竟還是有些不放心，就對他說：「您寫的十三篇兵法，我都仔細讀過了。您能否當場演習一下陣法呢？」

　　孫武回答：「當然可以。」

　　吳王又問：「可以用婦人試驗嗎？」

　　孫武回答：「沒有問題。」

　　於是吳王就從他後宮的嬪妃中挑選了一百八十人，供孫武演習陣法。

　　孫武把這些嬪妃分爲兩隊，叫吳王最寵愛的兩個美姬分擔隊長。每人各執一隊。孫武問道：「你們知道心、左右手和後背的位置嗎？」

　　眾嬪妃點頭回答知道。

　　孫武說：「那好。演習陣法時，我擊鼓傳令，叫向前，你們就眼睛看著心；叫向左，你們看左手；叫向右，就看右手；叫向後，眼睛就朝背後看。聽清楚了嗎？」

　　她們都齊聲回答：「清楚了。」

　　於是孫武敲響軍鼓，鼓令向右。這些嬪妃從未經歷過這種事，都覺得挺好玩，便不聽鼓令，反而哈哈大笑，大家都笑成一團。

　　孫武板起面孔，神態嚴肅地說：「對部屬約束不嚴，命令不清，這是主將的責任。」

　　他再次申明號令，然後擊鼓傳令向右，鼓令一響，嬪妃們笑得更厲害，一個個都笑彎了腰。

這時，孫武下令停鼓，說：「前番令下，不被執行，是主將的責任；這次又無人執行軍令，那就是吏卒的責任了。」便大喝一聲：「把左右兩隊的隊長推出斬首！」

吳王正在高台上觀看演習，一見孫子要殺兩個愛姬，聽得急忙叫人傳話：「寡人已知將軍會用兵了。我沒有這兩個美姬，連吃飯也沒有胃口，請不要殺了她們。」

孫子回答道：「臣既然已受命為將，將在軍，君命有所不受。」

說完就下令把兩個美姬當場斬首。然後再挑出兩個嬪妃擔任隊長，繼續演習陣法。這一下宮女人人驚恐，個個嚴格執行命令，一舉一動，合規合矩，陣列非常整齊。孫武派人到高台稟報吳王：「兵陣已操練好，請大王過目。大王可以用他們出征打仗，即使赴湯蹈火，她們也會奮勇向前，絕不敢退縮。」

吳王因此深知孫武善於用兵，就正式任命他為將軍。

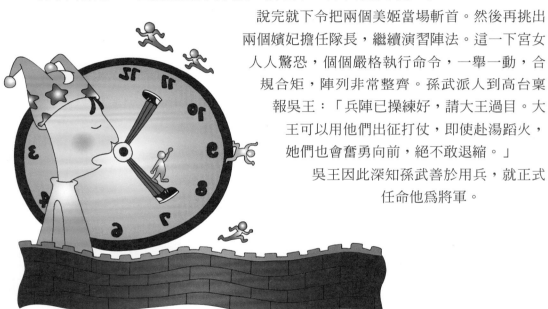

生活智慧

《孫子兵法》被一代又一代的人研讀，至今熱潮不歇。孫子本人豐富多彩的精神世界和複雜隱密的思想感情淹沒在歷史的洪流中，但孫子會用兵則人人皆知。從這則故事，我們不難知其緣由。

孫子竟能用嬪妃演陣，這有力地說明了他是一個軍事天才，而做到這一點靠的就是鐵的軍令和殺一儆百的謀略手段。

《孫子兵法》的思想核心是探討贏得戰爭勝利的方法。打仗無不是為了爭取勝利，但孫子尤其推崇「全勝」，所以他說：「百戰百勝，非善之善者也，不戰而屈人之兵，善之善者也」。但傳統的西方軍事學認為，只要是戰爭就不可能有「不戰而屈人之兵」的事，所以他們認為孫子的這一個觀點一點都不科學，帶著唯心色彩。

後漢時代，涼州的賊兵包圍了陳倉。那時的陳倉只是一座小小的城。

漢朝派左將軍皇甫嵩馳往救援，又以前軍的董卓為監督。這時候，董卓急著救援，而皇甫嵩卻不急，也不出擊。董卓說：「有智慧的人應該不失時機，有勇氣的人應該不猶豫。如果早一點去救援，也許還可以保住陳倉，遲了，就來不及了。」

皇甫嵩答：「你錯了！百戰百勝，不如不戰而勝。現在我屯兵在此不

出戰，爲的是希望造成一種態勢，讓敵人懼怕遲疑，這樣才能保住陳倉啊！一來也可以等著敵人曝露他們的弱點，到那時我才攻擊。這眞可說是上上策。陳倉雖然小，但守備極爲堅固，我們不需要動用兵力，也不需要動員大衆，就這樣下去，我們會得到勝利的。」

事情果然不出皇甫嵩的預料。從冬天到春天，賊兵包圍了陳倉八十餘天，但城池防守堅固，賊兵一點辦法都沒有。熬不過戰事的延長，疲憊的賊兵終於自己撤離了。

皇甫嵩做到的就是「百戰百勝，不如不戰而勝」。

現在的西方世界所謂的「威懾」理論，在實質意義上來說，就是要「不戰而屈人之兵」；在六十年代美蘇之間發生的那場「古巴導彈」危機，事實上也是「不戰而屈人之兵」。孫子能在那麼早的時候提出這樣的觀點，實在難能可貴。

生活智慧　有一句話說：「侵略者總是打著和平的旗幟走進別國的國土內」。這就是不戰而能屈服敵人。這就是完美的戰爭。打仗本來就是爲了爭取勝利，但是戰爭的消耗卻是越小越好，最好能不戰就能使敵人屈服。

人性的難知如陰影一般黑

人性可以說是世界上最深邃、最複雜的了。一方面，人性中某種最基本的東西，從古至今，始終未變；另一方面，人性中看似十分普通的東西，我們始終只知其然，不知其所以然。

　　你會發覺，一個最溫和的人偶爾也會有狂暴的時候，這時的狂暴比一個火爆的人發怒更可怕；一個最理智的人有時也會因感情衝動而不能自持，這時的衝動具有一種毀滅性的力量；一個最道德的人在不經意時也會作出輕浮的舉動，這個舉動其實發自內心深處；一個最善良的人說不定也會忽然冒出一個歹毒的念頭，這個念頭連歹毒的人也想不出。對於人性，人永遠會拖著一條陰影。人性本來就有其難知的一面。

　　《孫子兵法》中的「難知如陰」，是指軍隊在隱蔽時，就像濃厚的烏雲遮蓋了天空，看不到日月星辰，人性的「難知如陰」，就像人永遠會拖著一條陰影，永遠有讓人無法「知」的一面。

生活
智慧

我們從人性中看到世界上最美好的東西，也從人性中看到世界上最醜惡的東西。人性的複雜與深邃有如蒼穹，難以目視。因此，人性是如此地熟悉而又陌生，如此地平常而又神秘。

人生在世，就在勢中

孫子認為善於打仗的人必須依靠、利用客觀形勢，從而使自己處於一個良好的態勢中。從物理學而言，任何物體都有做功的能力。由於物體所處位置的不同，它所具有的勢能也不同。一塊巨石躺在山腳下的凹地中，它就喪失了勢能，若它高懸在高山的頂端，它的勢能就特別大。就這麼個簡單的原理，卻可以廣泛地運用於軍事學及社會所有的領域當中，而且可以被運用得出神入化。由此觀之，任何複雜艱深的事物都以這些簡單的東西為依歸。

任勢主要包括兩個方面：蓄勢和造勢。當你要做什麼事，或者要與對方交鋒時，也許形勢對你極為不利，你就像那塊凹地裡的石頭，難有什麼作為，這時的策略是「靜」，以靜觀變。任何客觀外在形勢都是變化不定的，當形勢發生變化時，若充分利用這個變化，使自己的位置發生變化，你就在「造勢」了，這時的巨石慢慢已到山腰上。這時的你，雖然有一定的「勢能」，但要完成事業或擊倒對方可能還力有未逮。所以你要有耐心，要累積力量，你在「蓄勢」。形勢繼續變化，你再次抓住時機，巨石終於漸漸挪到山頂上。勢已蓄氣，勢已造成。於是你「動」了，從高高的位置上猛然滾下，一下橫空出世，「勢」不可當。

從歷史書中，我們可以看到一些新興力量、傑出人物在最初時總是失敗連連。這是因為當時的「勢能」太小，容易被動、被挨打。但他們卻能百折不撓，善於蓄

勢、造勢。這是他們最可貴的地方。隨著形勢的變化，他們變得越來越強大。當形勢對他們最有利，而自己的力量又大到足以戰勝對方時，他們可以在失敗一百次以後，以一次戰爭而縱橫天下。這就是所謂的「時勢造英雄，英雄造時勢。」

　　大而言之，任勢也是中國文化中的一大哲學思想。歷代聖賢都強調「順天者昌，逆天者亡」。順天，就是任勢。歷代文化人都愛說「達則兼濟天下，窮則獨善其身」。這種人生態度也是任勢。只是中國文化中的任勢思想由於尚柔思想的牽扯，有時不免缺乏一種強悍的「造勢」素質。

人生在世，就在勢中。你生存於陌生的環境、社會中，本身就具有一種「勢」。你熟悉它、適應它、把握它，並學會如何利用對我有利的條件，避開不利的條件，你就會在社會中成長起來，這也就是你在蓄勢、造勢。也許你蓄成大勢、造成大勢，成為傑出人物，也許你的「勢」蓄得不多、造得不大，但你畢竟在「任勢」。任勢是人的一種本能、一種本質。

生活
智慧

《孫子兵法》第四篇專門說「形」，而第五篇專門談「勢」。由此可見孫子對軍事科學範疇的研究也極為精緻、獨具匠心。孫子認為善於打仗的人必須依靠、利用客觀形勢，從而使自己處於一個良好的態勢中。事實上，人生在世，就在勢中。你生存於陌生的環境、社會中，本身就具有一種「勢」。你熟悉它、適應它、把握它，並學會如何利用對我有利的條件，避開不利的條件，你就會在社會中成長起來。

廟算多且準才真正有用

孫子對於戰略分析的重視程度重於一切，這可由孫子說：「夫未戰而廟算勝者，得算多也；未戰而廟算不勝者，得算少也。多算勝，少算不勝，而況無算乎！吾以此觀之，勝負見矣。」知其一二，這也是《孫子兵法》的特色，它指明了分析步驟的重要，當廟算後，就應了解整個局勢，和自己的實力，再由所得的來調整目標和調整手段，如此一來勝負之數就可見了。

　　所謂廟算，是指古代在用兵打仗之前，要在祖廟裡舉行齋戒之類的儀式，然後來分析討論、來運籌帷幄、來決勝千里。當然，「廟算」只是一種預測和計畫，而戰爭一但打起來，形勢瞬息萬變，這絕不是任何一個人可以事先設計好

的，但並不能因此就否定「廟算」的必要。正如法國大軍事家拿破崙所說：沒有任何一次戰爭是完全按軍事計畫來打的，但任何一次戰爭都不能沒有計畫。因為廟算是戰爭在人腦中的一次大演習，如果戰爭中出現不符合廟算的地方，只能說廟算需要調整，而不是說不需要廟算打一場不自覺的仗就能贏了。

其實，人生也是如此。有一種人總是在規劃自己的人生，他們刻意地塑造自我，定下長短不同期的各項規劃和目標，他們過著一種自覺的人生。另外一種人，他們身處紅塵，隨波逐流，缺乏自我意識，過著一種自以為自在的人生。有一句俗話說：「成人不自在，自在不成人」。話的原意雖然是說只有小孩子才無憂無慮，長大成人以後就有諸多煩惱，但也可解釋為，不自覺的人始終不能夠成為成熟的人，而成熟的人，就是脫離了自在狀態的人。因為，人生即是煩惱，無生命的東西才最自在。

廟算有一個最重要的關鍵，就是算得科學不科學，明智不明智。不科學、不明智的廟算，不能說是真廟算。其實中國人無論做什麼事都有廟算的傳統，譬如一些國民經濟建設，從「三七五減租」到「耕者有其田」，就是廟算。又如一些企業、機關、學校，所訂定的「八年發展大構想」、「十年遠景規劃」等等，這樣的廟算都可以說是真廟算。

當然也有所謂的假廟算。讓我們引用明人江盈科《雪濤小說》中的一則故事：

有一個人，家裡很窮。有一天，拾到一枚雞蛋，回到家，興高采烈地告訴妻子說：「我發財了」。妻子問道：財從何來？此人拿出了那枚雞蛋。妻子大惑不解。此人解釋說：我用這個雞蛋，借隔壁的雞孵成小雞，小雞長大，就讓它下蛋，假若雞一個月下十五個蛋，兩年下的蛋都可以再孵成小雞，小雞長大又可下蛋⋯⋯這樣雞雞蛋蛋無窮匱也。之後，我再用雞

和蛋換成小牛，小牛必然長成大牛，大牛必然要生小牛，生下的小牛又要長成大牛，更多的大牛又可生更多的小牛，如此大牛小牛又無窮匱也。然後我再把這些大牛小牛賣了換成錢，再用這些錢放高利貸，本錢生利錢，利錢轉本錢，本生利，利變本，錢生錢，又無窮匱也。這豈不是發大財了嗎？妻子一聽，也興高采烈，兩口子便盤算起這麼多錢怎麼用。男的自然要買田買房子，女的自然要買衣買首飾。但他們還是發現錢用不完。千不該，萬不該，那男的說：既然錢用不完，那我就娶個小老婆吧。他妻子一聽，醋性大發，「怫然大怒，以手擊雞卵」，雞蛋當場破了。

表面上看來，廟算的層次清楚、邏輯分明，其實卻漏洞百出。且不說投資等諸多因素，只說一點，如果雞蛋孵出來的是公雞呢？怎麼辦？這正像一個歷來正經、規矩的人，一旦荒唐起來，一定比一個平常有點荒唐的人還要荒唐得多一樣。孫子說：「多算勝，少算不勝，何況無算乎？」看來，這話還要做點補充：要廟算，但絕不可謬算，謬算比無算錯得更遠、更離譜。

生活智慧

廟算是人生各項規劃和目標在人腦中的一次大演習，如果規劃和目標出現不符合廟算的地方，只能說廟算需要調整，而不是說不需要廟算，過著一種自以為自在的人生就可以了。讓我們以「多算勝，少算不勝」的態度，評估所處的環境和自己的實力，過一種有自覺的生活吧！

權謀，權術，統治術

一部《孫子兵法》就某種意義上來講，堪稱是權謀的結晶。它開宗明義：「兵者，詭道也」。它一再強調：「上兵伐謀」。它直言不諱：「兵以詐立」。它在十三篇中到處寫滿了「權謀」二字。孫子大談特談權謀，而歷史對他只有崇敬和頌揚，不見誹難和諷刺。為什麼後人一談到權謀，就想到曹操而不是孫武呢？原來大家所痛斥的並不是所有的權謀，而是同樣的一套兵法，在龐涓手中可成邪術，在孫臏手中卻也可以成為「君子之劍」，關鍵只在運用兵法者心中的一絲「邪念」或「正念」而已！任何戰爭都離不開權謀，沒有權謀，便沒有任何軍事科學、戰爭藝術可言。孫子終其一生談的都是「兵」，他的權謀談得精采、談得深刻、談得有魅力，這一切就在於他談得有道德。他對後人有功無過，當然就無人誹難。

當人們指斥這種

權謀，而讚許那種權謀時，便表示權謀的概念發生了裂變。這是語言史上經常可以看到的現象。當思想找不到語言作歸屬時，思想就暫時謀求一個折衷的辦法。於是「權術」取代了「權謀」。雖然就字面語義來說，權術無非就是權謀之術。而權術實際上是特指政治生活中的一些不好的權謀。不好的權謀總是不能公開的、見不得人的，所以權術往往帶有「陰謀」的色彩；而不能公開又必須面世，見不得人又必須施於人，所以權術往往又具有「詭詐」的含意。

　　政治中當然需要權謀。無權無謀，談何政治？所以政治要講民主、要講透明度。不知是哪一位美國總統曾經說過：「政治家必須生活在金魚缸裡」。但中國的封建時代很長，皇帝獨攬大權，口含天意，君臨天下，獨斷獨行，自然談不上什麼透明度。在這種情況下，權術往往變成了統治術的代名詞。而且正如宋太祖趙匡胤在「杯酒釋兵權」時所說的：身為天子也有大難之處，我沒有一個晚上敢高枕而臥。這是很容易理解的，因為哪個人不想得到皇帝的寶座呢？至高無上的皇帝只有一人，而人人都想做皇帝，怎麼辦？最簡單、最有效、最常用的方法就是平衡。也就是讓二、三號人物彼此的實力相當，但又相互隔膜。這樣二、三號人物就必須依靠自己（一號人物）才能克制對方，而達到彼此制衡的目的，皇帝的位置才能長期穩固。若真的出現一個「一人之下，萬人之上」的二號人物，那麼二號人物就能輕而易舉地取代一號人物。所以有人認為在中國的政治社會中，從來就只有一號人物，沒有二號人物。如果真的有這樣的人物，這時就必定會發生政變，而出現朝廷易幟、權柄易手的事件。由此看來，封建社會也並非沒有權力的制衡，只是缺少對「君」的制衡罷了。只有「政變」才是一種潛在對「君」的制衡。換句話來說，就是「君」自

己制衡自己。在這種情況下,「君」自身的修養就成為清君與昏君的關鍵。所以,「修身、齊家、治國、平天下」的理念在這樣的社會裡十分流行。權的本意是秤鉈。秤鉈稱斤兩使秤平衡,所以權又可以說是衡。對於權術來說,也就可以被理解為特定的政治平衡術、駕御術了。

皇帝坐擁江山,必須依靠一個統治階級作為社會基礎。你雖大權獨攬,但卻必須允許統治階級的成員中權獨攬。同理,中權獨攬的人又必須允許其勢力的構成人員小權獨攬。這麼層層權力下放,權術思想也就成為整個社會的現象。何況任何的人際關係中都含有權與利的問題。也就是說人際關係中本來就需要權謀。這時的權謀稍微異化,也就成了權術。

生活智慧

中國歷史上堪稱權謀大師的都是政治家、軍事家,有的流芳百世,有的遺臭萬年,更多的是無法明確定性,簡單歸類。有的人厭惡權謀,有的人推崇權謀,其實權謀是不能一言以蔽之的。

權謀、權術、統治術,也許從來沒有出現在你的人生字典中,但是,想一想,人人都弄權、搞權術,把智慧用在不該用的地方,這樣的社會是怎樣的社會呀!

戰爭是一種
變化的藝術

孫子說：「兵者，詭道也。故能而示之不能，用而示之不用，近而示之遠，遠而示之近，利而誘之，亂而取之，實而備之，強而避之，怒而撓之，卑而驕之，佚而勞之，親而離之。攻其無備，出其不意」。這句話的意思是說，戰爭用的是詭詐權變的方法，有能力的時候，故意示弱，表現出沒有能力的樣子，將要採取行動的時候，卻裝作駐足不前，要攻向近處的目標，就假裝朝遠處而去，要攻向遠處目標，又刻意往近處而來。敵人貪利，就用利去誘騙詐欺敵人；敵人混亂，就乘機攻打它；敵勢強大，力量充實時，就小心防備，避免衝突；敵人士氣高昂時，就設法挫折他；敵人卑怯慎行時，就要設法使他驕橫放縱；敵人安逸休整時，就要引誘他，使他疲困多

勞；敵人和睦團結時，就要設法去離間分化；攻擊敵人疏於防備的地方，在敵人意料不到的時候採取行動。這就是奇詭變化的戰爭。

我們都知道，在物理學上有一個真理：水在攝氏一百度時便會沸騰。我們也知道，在數學的十進位裡，二加二等於四，這是永遠不會變的公理。但戰爭沒有定律，也沒有重演的歷史，因為戰爭是一種變化的藝術。任何的戰爭發生於人與人之間，就因為這樣的緣故，它會隨著人的思維而不斷的變化，所以說戰爭講的是奇詭變化，它是沒有常道的。

生活智慧

　　孫子的「兵者，詭道也」，談的就是奇詭，說的就是變化。在一場變化多端的戰爭中，任何人都無法預先傳授其中的訣竅。活在人世中的我們，每日接觸的無非是人，而人與人之間的相處，又何嘗不是一場又一場無形的戰爭，相處的訣竅也在《孫子兵法》裡。用心純正，細心體會，對你的人際關係只有加分的效果。

別被書中的知識牽絆住

在一代名將韓信的軍事生涯中，井陘之戰可以說是他一生光輝的頂點。當時韓信帶領數千人馬去攻打集二十萬兵力的陳餘，陳餘的謀臣李左車認為韓信連打勝仗，銳氣正旺，而井陘口這關隘無法容納車輛，騎馬也不能成行，所以韓信的糧草輜重必然跟不上，若派兵截其輜重，然後深溝高壘，韓信必然不戰而敗。但陳餘不採納這建議，並且引經據典地說：

「兵法上說得很清楚，十倍於敵人，就要採取包圍的戰術。現在韓信兵不過數千，又經過長途行軍，何必小題大作呢，如果堅守不戰，人家不是會恥笑我是膽小鬼嗎？」

而韓信一方面安排人員埋伏在敵軍附近，一方面軍隊背水為陣。陳餘見韓信軍隊背水為陣，大笑韓信不懂兵法，於是傾巢而動。韓信的軍隊因背水為陣，沒有退路，便拚力死戰，而那支埋伏的軍隊卻趁陳餘大營空虛，攻進去全換上自己的軍旗，然後從敵軍背後夾擊。陳餘軍前攻不下，後看大營易幟，一時大亂。這樣，韓信僅用一天的時間，以少勝眾，取得輝煌的勝利。

這一仗贏得連韓信的部將也覺得莫名其妙。他們問韓信：「兵法上明明寫著背水列陣是兵法大忌，為什麼您犯此大忌反而大勝呢？」

韓信解釋說：「你們只知不該背水為陣，卻不知『置之死地而後生』。我們的軍隊是臨時組建的，士卒缺少必要的訓練，一些將領我也不太了解。若不背水為陣，我們必然都逃跑了，那麼大敗的就是我們。」

在井陘之戰中，陳餘對兵法的態度就像紙上談兵的趙括一樣，只知死守著教條。而真正懂得教條的人是決不會死守教條的，不懂教條的人才會死守著它，他是在「我注六經」。也就是說他被六經牽絆住了。六經是主，我

是僕。忘記了自我，也就喪失了自我。結果陳余被殺。在某種意義上說，陳余不是被韓信所殺，而是被六經所殺。他死注六經，故死於六經。難怪古人說：盡信書不如無書。韓信對兵法的態度就全然不同，他能靈活運用。他是「六經注我」，而不是「我注六經」。

任何理論都是現實人生的一種體察、一種認識、一種歸納，有此體察、認識與歸納，現實人生才得以昇華。理論是人生的導遊圖，沒有此圖，人生的旅程就可能

是渾渾噩噩地瞎摸亂竄。但任何精深的理論也無法取代真實的人生遊覽。生活是朝露欲滴的鮮活花蕾，理論是它的標本。理論服務於現實生活，現實生活不為理論服務。人對理論，最要緊的是：六經注我，而不是我注六經。

軍事理論當然也是如此。任何優秀的軍事理論家都深知瞬息萬變的戰爭是不可能用筆墨凝固在紙上的。這裡只有一些經驗、一些規律、一些方法、一些原則。這些東西都是從戰爭實踐中得來，所以它們是活的，不是死的。這也就是《孫子兵法》中為什麼一再說明，用兵之法「如環之無端」，變化無窮無盡的緣故。

生活智慧　　兵法是讓人來用的，而不是人為兵法所用，所以我們要「六經注我」，而不能「我注六經」，被六經牽絆住了。六經因我而復活，不注我，它只是個死東西。讓我們藉著六經而被激活，而完成一次又一次的自我超越吧！

因爲乾淨所以容易看出髒

孫子認爲將帥有五種危險，廉潔、愛民這樣的品格也在危險之中。他指出這潛在的危險是：你廉潔，我就可以用辦法來侮辱你；你愛民，我就使你爲民所累。

孫子這裡談的，是關於戰爭的謀略，而不是純道德的思辯。戰爭就是戰爭。戰爭不可能善良到不流一滴血、慈悲到不死一個人。打仗就是爲了取得勝利，要取得勝利就是要千方百計尋找敵方的弱點。這弱點可能是實力、智力方面的，也可以是人格、作風方面的。對打仗來說，這兩者並無道德意義上的區別，他們都只不過是敵人的弱點而已。無論在智力上、還是品質上，越是沒有弱點的敵人，越是自己最可怕的敵人。而在看來似乎沒有弱點的敵方將帥身上，又可以使其優點轉變成致命的弱點，從而找到克制他的方法，這正是一個傑出的軍事指揮家要做的事。

孫子令人深刻的地方，並不在於在一個事物的對立面身上發現其可轉化的因素，而在於他對事物本身深刻、複雜內涵的洞察。即任何眞正的、現實的事物都是一種矛盾的自我包容。所以眞、善、美只能以假、醜、惡爲存在的依據。那種單義的、純粹的、孤立的善惡道德論都只是一種淺薄的空想。

諸葛亮歷來被視爲古今完人。其實他也有「完美的過失」。他一生追求的統一中原的宏偉大業終究未能成功。後人的研究認爲這與他的性格不無關係。史書說諸葛亮「端嚴精密」，這就使他出現一個缺點：求全責備。王夫之在《讀通鑑論》中說：他「明察則有短而必見，端方則有瑕而不容」，故用人總是「察之密，待之嚴」，結果許多人才「無以自全而或見棄」，有的則雖被「加意收錄，而固不任之」。人非聖賢，孰能無過？不僅如此，對人求全責備，結果諸葛亮內政軍戎只好「事必躬親」，「罰二十以上必親理」。如此清正廉明、鞠躬盡瘁，以至自己被弄得「食少事煩」，終於在五十三歲的英年含恨逝世。對諸

葛亮我們有此一嘆：「水至清則無魚，人至察則無徒」，對人為什麼不能採取一種寬容的態度呢？

孫子的話不僅適用於軍事，也廣泛地適用於日常生活中。我最近搬進一間新房子，新房子當然要保持乾淨，如果房子乾乾淨淨，人就感到舒服。要享受舒服，房子自然就得保持乾淨。無奈「小環境」總受「大環境」的影響，外面的灰塵總是無孔不入。奇怪的是，過去的舊房子不那麼潔淨卻不覺得空氣中灰塵很多，現在一乾淨，灰塵反而醒目。於是只好天天都拖地板、擦桌椅，不勝其煩。最不堪是來了訪客。要人家換鞋吧，總覺不

恭，不換鞋吧，眞是「一步一腳印」。於是只好在客人走後大動干戈地做清潔，一邊勞動，一邊發出感嘆：皎皎者易污！

　　曾聽一位朋友講過一件事。他說在他那兒有一個很有權力的部門，在這個部門裡，人人都會時常得到所轄單位送來的「紅包」、「好處」。其中有一位公務員，爲人清正廉潔、潔身自好，凡人家送來的錢財禮物，他不僅不收，而且還原封不動地退回去。可是過了一些時候，這位廉潔的公務員不僅沒受表彰、被提升，反而被調離原來的「肥缺」崗位，到一個清水衙門「廉潔」去了。我驚問箇中原因，這位朋友笑而答曰：這太容易理解了，這是再自然不過的事。如果一個部門中，人人都接受「紅包」，唯獨你一個人不接受，這豈不是在顯示自己廉潔的同時，證明了其他所有人的不廉潔。這樣，被你證明不廉潔的同仁們哪個會信任你，與你親近呢？此時的你，變成了別人背上的芒刺，人人欲拔而快之。當然你會看到各種意味深長的臉色，以及頗有暗示意味的動作，你會在不知不覺中遭受各樣的冷槍和暗箭。簡言之，「廉潔，可辱也」。

　　聽了這故事，我十分敬佩這位不得志、深受委屈的公務員。想想看，在別人都接受「好處」時，他卻能堅持不這麼做。我相信許多雖然接受了「好處」的人，在本質上其實都是廉潔的。只要社會上別人不以權謀私，他們都可以輕而易舉地做到

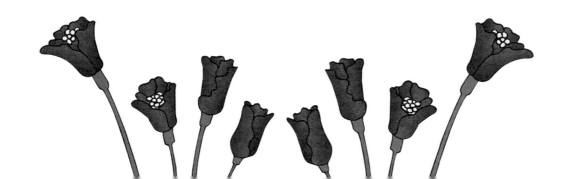

「拒腐蝕、永不沾」。他們或許這麼認為，如果別人這麼做，自己卻反其道而行之，會讓別人覺得自己在沽名釣譽。所以，要做到「與眾不同」，這是非常艱難的。而這位公務員做到了。

　　但在敬佩這位「無名英雄」時，我總隱隱約約覺得在這位公務員身上似乎有什麼悲劇性的東西存在。超越眾人，也就脫離眾人。這就是所謂的「高而無民」。脫離了眾人，就會有一種「非平常人」的痛苦和煩惱，這就是所謂的「亢龍有悔」。所以有許多大人物都渴望過一種平淡的普通人生活。如果歷史告訴我們：人們就生活在灰塵的空氣中；生活在有灰塵的空氣中，就是一種世俗的現實生活；這種沒有經過「過濾」、「淨化」的現實生活就是一種真實的常態生活，取消了其中的雜質也就會取消了生活本身。如果是這樣，那麼，絕對的乾乾淨淨就永遠只是一種美好的理想。如果是這樣，那麼，「廉潔可辱」豈不成了一個現實人生中永恆的悲劇？

生活智慧

孫子令人深刻的地方，並不在於在一個事物的對立面上發現其可轉化的因素，而在於他對事物本身深刻、複雜內涵的洞察。即任何真正的、現實的事物都是一種矛盾的自我包容。所以真、善、美只能以假、醜、惡為存在的依據。那種單義的、純粹的、孤立的善惡道德論都只是一種淺薄的空想。

言多必失，少說少錯

《孫子兵法・九地篇》云：「將軍之事，靜以幽」。杜牧作注說：「清靜簡易，幽深難測」，就讓我們來談談它吧。

中國人好靜。「靜」成為中國古代的一種哲學。也因此有許多的經典格言，如一動不如一靜，天不變道亦不變，以靜觀變、以靜制動等等。「靜」也是一種理想的人格。一個孩子如果安靜本分、循規蹈矩，那麼就是一個好孩子；一個人如果沉靜寡言、不苟言笑，這樣的人就堪稱為君子。連人倫、性愛也要「靜」，典範的夫妻關係絕不是感情奔放的「擁抱接吻」，而是彬彬有禮的「舉案齊眉」。

中國人的「靜」是很徹底的。因為這已建立在一種人格的修養上。歷史社會是動是靜，這全在乎人的本身，而大自然的動與靜，這也只是人的自我體驗。所以「靜」之根在於人。人的行為本於思

想，人的思想本於慾望。如果能做到清心寡慾，這才眞正叫做「靜」。但人心本濁、人欲本熾。故要對人心予以靜化、對人欲予以節制。這種靜化和節制，從歷史文化來看，表現在個體方面是「克己」，表現在社會方面是「復禮」。克己復禮後，方能清心寡慾，進而達到「靜」的境界。也因此，當把「靜」作爲人格修養的目的時，這時的「靜」便自然有了根本性的意義。

靜而致幽。人在靜中，就比較不會曝露自己的眞面目，也因此可以避免留下讓人可乘的縫隙，他人無從認識你，摸清你的底細，這樣「靜」就能達到一種幽深。

可見，「靜以幽」有其人格理想的一面，也有其以封閉求防範的現實一面。這出於現實需要的一面，就使「靜以幽」成爲一種人生的謀略了。

從歷史眼光來看，「靜以幽」作爲一種理想的人格和作爲一種現實的人生謀略，兩者也許並不截然分裂，而是在更深的層次上兩者合而爲一。這就好比社交舞會。當一對男女在公衆場合跳舞時，有人認爲這只是一種純社會性的交際，追求一種美的藝術；也有人會認爲舞的形式只是一種遮蔽，骨子裡卻不懷好意，每一個舞步都是一種稀釋的性宣洩。其實這兩種看法並不像人們想像的那麼對立，這種舞蹈其實是兩者「二而一」的一種融合。古時諱莫如深的性禁忌被一種共同的認可所取代，但這種社會性的認可同時帶有一種規範和限制，這就是「禮」。認可與限制同時存在，這就是文明的眞諦。「靜以幽」也是如此。它作爲一種人生謀略時，並不是赤裸裸地表現出對社會的敵視和防範，而是具有一種「禮」的形式；而「靜以

幽」作為一種人格修養時，也並不只是具理想的色彩，也有適應現實社會的內涵。

　　是否可以這麼說：今天的某些現實其實就是過去的部分理想；今天的若干理想在明天也逃脫不了會成為某種現實。在一定的意義上，理想與現實並無絕對界限。這是人類的不幸，也是人類的幸運。歸根結蒂，這是人類的命運。

孫子，你在說什麼？

生活智慧

　　人在靜中，比較不會曝露自己的真面目，也因此可以避免留下讓人可乘的縫隙。他人無從認識你，沒法摸清你的底細，這樣「靜」就能達到一種幽深。可見，「靜以幽」有其人格理想的一面，也有其以封閉求防範的現實一面。這出於現實需要的一面，就使「靜以幽」成為一種人生的謀略了。

是他先打我的！

　　《孫子兵法・九地篇》云：「將軍之事，正以治」。杜牧作注說：「平正無偏，故能致治」，就讓我們繼「靜以幽」之後來談談它吧。

　　曾有人說過這麼一句很深刻的話：一個時代的思想就是這個時代統治階級的思想。即使不帶強烈的階級愛憎來看，這句話也是很深刻的。同樣的，一個時代的流行風氣、社會時尚，就是這個時代上層社會的風氣、時尚。

　　戰國時，「楚王好細腰，宮中多餓死」。據說楚王不僅對女子「好細腰」，對男子也「好細腰」。因「腰」關係到仕途好壞，許多朝廷命官只好節食減肥，以致上朝

時中氣不足，只好手扶牆壁才能走上朝去。漢代時，有《城中謠》云：「城中好高髻，四方高一尺。城中好廣眉，四方且半額。城中好大袖，四方全匹帛。」真所謂「上有所好，下必甚焉」。只要存在這種「上」與「下」的關係，這句話就歸納成一種事實。

在一定的歷史時期，「上有所好，下必甚焉」這一社會現象，它本身並不一定好，也不一定壞。這要看上所「好」的是善還是惡。是善，善成為社會風氣，「上」功不可沒；是惡，惡成為社會時尚，「上」難辭其咎。不過我之所以把這現象限定在一定的歷史時期來論，是因為我覺得，在一個價值多元的社會，在一個自我意識覺醒的時代，也可能沒有「上有所好，下必甚焉」的現象。

治理一個國家也許很難，要不然怎麼會有那麼多的朝代滅亡了呢？治理一個國家也許也很容易，因為我們確實看到一些國泰民安的太平盛世。一代明主唐太宗曾與臣子說到治理國家的秘訣。這個秘訣其實十分簡單，也很容易明白。他說：治理國家說難也確實難，說容易也實在容易。「其身正，不令而行；其身不正，雖令不從」（這話原出自《論語》）。孫子所說的「正以治」正表達了同樣的管理思想。

《荀子‧正論》說：「上宣明則下治辨矣，上端誠則下願愨（謹慎誠懇）矣，上公正則下易直矣。」要端正社會風氣，就要從「上」的「我」開始做起，因為「上」在權力的位置上。權力最危險的天敵就是「私」。我們倡導廉政，反對以權謀私。權力本來是公眾的，把權力私有，事實上就是篡權。若國君大權獨攬、大權私有，為了統治上的需要，就勢必會允許自己的大臣——支撐自己獨裁統治的支柱——中權獨攬、中權私有。大臣也一樣，自己中權私有，就會允許下屬小權私有。這麼層層都大權獨攬、中權分散，中權私有、小權分散……就會層層出「皇帝」，大皇帝、小皇帝、兒皇帝、土皇帝。皇帝層出，民何以堪？

唐太宗李世民可以說是深深懂得「正以治」真諦的一位明君。他經常對臣子們說：「國家的滅亡，很少不是由於人臣的諂媚奸佞所造成的。」於是就有人上書，請求剷除那些奸佞的人。李世民問大臣裴矩：

「你說誰是奸臣呢？」

裴矩回答說：

「他日，陛下和群臣議論時，不妨假裝發怒地試探一下，若是有人據理力爭，毫不屈從，這樣剛直的人就是忠臣；若害怕陛下的威嚴，而曲意順從，這樣的人，就是奸臣。」

李世民說：

「我不能這樣做。按理說，君為水之源，而臣為水之流；如果弄髒了水源，卻想求得清潔的水流，世上哪會有這樣的事情呢？如果君主自己就是個奸詐的人，有什麼資格去指責臣子的不正直呢？我如今就要以誠來待天下。」

李世民總是憂慮官吏們收「紅包」、得「好處」。有一次他暗地裡派人賄賂他們，以試他們的清廉。其中，司門史接受了一匹絹，李世民大怒，下令殺掉他。這時裴矩進諫道：

「作為官吏，接受他人的賄賂，確實當誅。但是陛下故意派人行賄，使他接受，這叫『陷人以法』呀！這恐怕不是孔子所說的『道之以德，齊之以禮』的作法。」

李世民聽後，高興地說：

「像裴矩這樣的官員，可以說是善於糾正君主過失的人哪！」

孫子，你在說什麼？

生活智慧

君為水之源，而臣為水之流；如果弄髒了水源，卻想求得清潔的水流，世上哪會有這樣的事情？如果君主自己就是個奸詐的人，有什麼資格去指責臣子的不正直呢？這就是「正以治」。「上有所好，下必甚焉」，即便在一個價值多元的社會，或者一個自我意識覺醒的時代，這種現象也有可能發生，所以在上位者能不戒慎恐懼嗎？！

人生境界中的出其不意

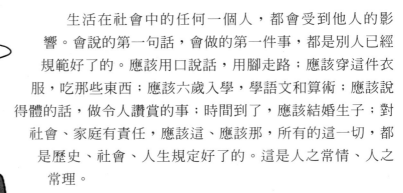

生活在社會中的任何一個人，都會受到他人的影響。會說的第一句話，會做的第一件事，都是別人已經規範好了的。應該用口說話，用腳走路；應該穿這件衣服，吃那些東西；應該六歲入學，學語文和算術；應該說得體的話，做令人讚賞的事；時間到了，應該結婚生子；對社會、家庭有責任，應該這、應該那，所有的這一切，都是歷史、社會、人生規定好了的。這是人之常情、人之常理。

但如果每一代人的每一個人都只會說前人規定好了的話，只會做前人規定好了的事，那麼，社會、歷史、人生就只是無意義的枯燥，以及乏味的重覆。所以每一代人的每一個人總應該有出乎意料的東西。於是，有一天，有人說了一句前人沒有說過的話，做了一件他人沒有做過的事，穿了一件他人沒有穿過的衣服，想了一個前人沒有想到的問題，於是歷史、社會、人生發生了變化，增添了新意。出其不意，這是人的創造性，也是創造性的人生。

上述兩者，也代表了兩種不同的人生境界。一種人只會說前人說過的話，只會做別人做過的事，這是庸常之輩。如果一個人的一切都在別人的意料之中，那他的人生就沒有「戰」了。這樣的人生實在令人悲哀，也著實恐怖。一種人如果不僅會說前人說過的話，會做別人做過的事，而且還會說前人沒有說過的話，會做前人沒有做過的事，這就是傑出的偉人。也就是一般人所

說的「平凡中的偉人」。這指的就是，他說的話，做的事，既合乎常規，也超越常規。顏淵曾喟然嘆道：

「仰之彌高，鑽之彌堅，瞻之在前，忽焉在後……如有所立卓爾，雖欲從之，未由也已。」顏淵對他的老師孔子的感嘆，他說：「仰視我的老師孔子，越看越覺得高大，越深入鑽研越覺得深奧，看看好似已在眼前，忽然感到好像又在後面……好像有一個高大的東西立在前面，儘管想攀登上去，卻找不到路徑。」

這是因為孔子「出其不意」，很難把握。我們知道，偉人們總有一些驚世駭俗的言行，其原因就在這裡。

當然，還有一種人。他們雖然說了一些別人沒有說過的話，做了一些別人沒有做過的事，但他的話，他的事，只有出人意料的一面，不合常情，也不合常理。他們的出人意料不是以合乎情理為根基。他們是瘋子。

生活智慧

偉人因時常「出其不意」，而被常人錯當為瘋子，瘋子因「時出不意」，而被人錯當偉人。偉人因他的「出其不意」，而在更深刻的意義上合乎情理，所以畢竟是偉人。瘋子因他的「出其不意」，只能以「出其不意」來歸結，所以是瘋子。你是偉人？還是瘋子？還是「蕭規曹隨」的普通人？留一點思考的空間，說不定你對自己有「出其不意」的想法。

軍事謀略中的出其不意

刀光劍影、槍炮轟鳴，這是戰場上可以看到的景象。謀略角逐、智力較量，這是戰爭不可見的魂魄。雖然不可見，魂魄的搏鬥卻比肉體的搏鬥更驚心動魄、更悲壯激烈。以智力來進行生死存亡的競爭、來決定勝負的命運，這是只有人類才具備的一種方式。其實，這種方式不僅見於戰爭，也見於全人類的生活。也許，以越來越複雜的智力來較量，以越來越高超的謀略來角逐，這就是一部人類文明史。

致命的打擊，往往是沒有思想準備的打擊；謀略的極致，也往往是謀略外的謀略。這就是古語所說的「動莫神於不意，謀莫善於不識」。也就是孫子說的「攻其無備，出其不意」。

所謂謀略，無非就是你要算計我，我也要算計你。高超的謀略是要做到你的算計在我的意料中，而我的算計在你的意料外。要做到這一點談何容易。這需要人的思維具有巨大的想像力，以及獨特的創造性。誰具備了這種想像力和創造性，誰就超越了庸常之輩，成了超人。

出其不意往往具有「超常規思維」的特點。

戰國時，強大的燕軍與齊國的即墨孤城軍隊交戰。即墨城守將田單別出心裁地挑選了一千多頭牛，把牠們打扮成紅紅綠綠、稀奇古怪的模樣，並在牛角上綁著兩把尖刀，牛尾捆扎上浸透油脂的葦草，這些牛宛如陰曹地府來的怪獸。同時又精選了三千壯士，讓他們臉上塗滿五顏六色的油彩，穿上怪模怪樣的服裝。午夜時，田單一聲令下，即墨軍民用火點燃牛尾，一千頭牛不堪劇痛，發狂地直奔燕軍營寨，而三千壯士手持大刀長矛，齊聲吶喊，尾隨牛後衝殺過去。燕軍從夢中驚醒，只見大群從不曾見過的四腳怪獸和兇神惡煞的兩腳妖魔狂奔而至，一下子驚得魂飛天外，奪命而逃，死傷無數，連主將騎劫也糊裡糊塗地死在亂陣之中。

這是一場歷史上十分著名的戰鬥。田單也因之名垂史冊。田單的勝利證明了謀略需要「超常規」的想像力和創造力。騎劫打仗從來沒想到可以這樣打，而田單卻這樣想了，別人從來沒有這樣打過仗，而他卻這樣打了。這就是他的傑出之處。騎劫之所以沒想到仗可以這麼打，是因為「常規」限制了他。「常規」是一個非常可

怕的東西，它使你陷入平庸。

出其不意往往具有「逆向思維」的特點。常規對人的制約就是使人形成一種習慣性的、惰性的、僵化的心理定勢，也可以稱之為一種「順向思維」。你「順」著想計策，我則「逆」著想計策，那麼，我的謀略當然就出其不意了。

唐朝安史之亂時，安祿山的部將令狐潮圍攻雍丘（今河南杞縣）城。雍丘久被圍困，守城的弓箭用完，於是守將張巡將成百上千身穿黑衣的草人，在黑夜中用繩子掛著往城下吊。令狐潮斷定是張巡派兵偷襲，就命士兵向草人射

箭。等到天明，叛軍才發現身上插滿幾十萬支箭的「士兵」都是草人。數日後，又是黑夜，張巡把五百名勇士墜下城頭，叛軍以爲又是草人，又想「借箭」，都笑而置之。誰知這些眞勇士向令狐潮大營突然襲擊，結果幾萬名大軍竟被這五百勇士殺得落花流水，潰不成軍。

　　黑夜中敵方有士兵出城，這一定是來偷襲的——這是令狐潮一種源於以往經驗的「順向思維」。張巡判斷令狐潮一定會這麼想，於是反其「意」而用之。第二次黑夜中士兵又出現了，這是令狐潮依據前次的經驗所形成的一個新的心理定勢：一定又是「草人借箭」。而張巡又再次捕捉到對方的這一定勢，發揮想像，再創新意，使對方受到一次出其不意的打擊。

生活智慧

　　常規對人的制約是使人形成一種習慣性的、惰性的、僵化的心理定勢，也可以稱之為一種「順向思維」。而出其不意具有「逆向思維」的特點。在你「順」著想計策時，我「逆」著想計策，那麼，我的謀略當然就出其不意了。

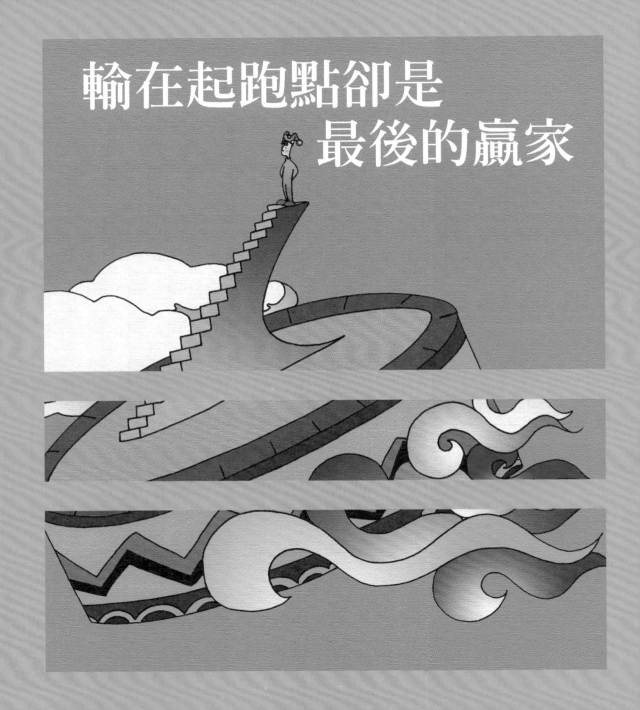

輸在起跑點卻是
最後的贏家

孫子認爲：用兵之法，最難的是爭取戰爭先機。而爭取戰爭先機，難的是「以迂爲直，以患爲利」，即雖然是走迂迴的道路，卻能把不利的因素轉化爲有利的因素，比敵方更快地進入軍事要地，也就是做到「後人發，先人至」。

戰國時，日益強盛的秦國軍隊包圍了趙國邊境要塞閼與。趙王派名將趙奢率兵救閼與。但閼與距趙國都城邯鄲很遠，且路險難行。

趙奢領軍西行，出邯鄲三十里，就安營紮寨。後在武安與秦軍對峙時，秦軍人喊馬嘶，戰鼓咚咚，使武安城內的屋瓦也爲之顫動。但任憑秦軍如何氣焰囂張，趙奢就是不應戰，並深溝高壘，修固營寨，作出長期固守的姿態。

這樣固守了二十八天，使秦軍主帥感到十分奇怪，便派間諜潛入趙營探聽虛實。趙奢明知來人是秦軍間諜，卻佯裝不知，反而命人好好招待，讓間諜觀看新增修的堡壘。

間諜回到秦軍營地，向主帥報告趙軍長期固守的種種情況，秦軍主帥以爲趙軍怯戰，不會去救閼與，便放鬆了警惕。

誰知間諜剛走，趙奢即命趙軍偃旗息鼓，日夜行軍，僅用二日一夜時間，突然出現在閼與前線。趙軍迅速佔據有利地勢，嚴陣以待。等秦軍得知趙軍已到達閼與，日夜兼行也趕到閼與時，趙軍以逸代勞，發動猛烈攻擊，秦軍全線崩潰，大敗而逃。

這就是古代軍事史上一次有名的「後發先至」戰例。

「後發先至」不僅是戰爭中的一種武韜，而且也是社會中常見的一種文略。因爲「後發先至」是以競爭爲根基。社會中總是存在著各式各樣的競爭。爭強好勝在根本上可以說是人的一種本性，一種能驅使人竭盡全力達到更高人生境界的力量，一種支持人在漫長、曲折的人生旅程中能堅持走到終點的力量，一種能激發人的創造性、顯示人的獨特性，使人生因而轟轟烈烈的神奇力量。如果人類沒有一種先天的

競爭心理機制，如果社會中沒有一種凝聚性的群體競爭行為，真不知人類怎麼能夠生存下去，社會又怎麼能夠存在？！所以，我們可以說，競爭是人的本性，競爭是歷史的奧秘。

　　但既然是競爭，當然就會有成功者和失敗者。人人都想當成功者，但要成為成功者必須要有謀略，「後發先至」就成為一種十分常用的人生謀略。

人生有點像田徑比賽中的長跑。所不同的是，沒有任何人可能與任何一個他人處在同一起跑線上。因為絕對沒有兩個人能具有完全一樣的遺傳、完全相同的經歷，更不可能處在完全相同的社會位置上。所以每個人都可能會是「後人發」。好在人生不是百米短跑，要不然就太不公平了。又好在人生是一場馬拉松長跑，這就給人一個「先人至」的機會。每個人都可以根據自己的優缺點採取不同的策略。假若你處在一個非常不利的人生境遇中，一個十分崎嶇的跑道上，那麼，你可能比別人跑得速度慢一點、距離短一些，但並不意味著你跑得差。相反的，就算在各種條件上，你都是一個十分優越的人，你跑得比別人快一點、遠一點，但如果你沒有跑出應有的水準，你還是一個失敗者。

　　在人生的跑道上，你看到別人跑在你前面，難免嫉妒。這是正常的。問題是你怎麼去嫉妒，嫉妒會激發你採取怎樣的態度和行為。如果嫉妒能激發你的競爭豪情，如果嫉妒能增加你莫名的一股力量，讓你加快了腳步，最終你也能做到「後發先至」。

　　「後人發，先人至」是人生中一種非常常見的謀略。每個人都可以根據自己的優缺點採取不同的策略。每個人都可能會是「後人發」，但每個人也都可以替自己創造不同「先人至」的機會。端看你的態度和行為。你也許輸在起跑點上，但你只要有競爭心、嫉妒的能量，你就有可能是最後的勝利者。

偉人的偉大是因我們太平凡

「兵者，詭道也。」把詭道運用出水準來，就是「奇」。在孫子尙智思想的影響下，中國歷史上流傳許多出奇制勝的故事，如增兵減灶、以虛示實、圍魏救趙、暗渡陳倉、瞞天過海、調虎離山等等。

仔細分析這些「奇」，可以發現，「奇」與「正」互爲表裡。奇要奇得有道理，所謂「出乎意料之外，合乎情理之中」。以孫臏增兵減灶而論，增兵就會增灶，這不過是人人都知道的軍事常識，但孫臏卻反其道而用之，因爲他知道，「彼三晉之兵（指魏兵），素悍勇而輕齊，齊號爲怯」；你認爲我怯，我就「減灶」讓你更輕敵。而敵將龐涓剛愎自用而又自視甚高，這樣的人自然求勝心切，一減灶，更使他覺得勝利在即，等龐涓扔下大軍，率孤軍深入時，強勢變成弱勢，落得個拔劍自殺。可歎他死前仍不知自責失誤，還覺得忿忿不平：眞不該成就了孫臏這小子的威名！戰爭中也是無奇不有。

戰國時，強大的魏國以樂羊爲將，去攻打弱小的中山國。而樂羊的兒子樂舒正在中山作官。中山人打不過，便把樂舒綁起來，出示於樓頭。意思是說，如果樂羊攻城，就殺了他。樂羊只好暫停攻城。

魏文侯並不責怪樂羊，反而大大地嘉獎他，爲他建造豪華住宅，等他打完仗回去享用。樂羊深感知遇之恩，對中山發起猛攻。

中山人無計可施，便想出一條「妙計」，把樂舒烹了，並將他的肉湯送給樂羊品嘗，想使他因傷子之痛而神喪智迷。不料，樂羊拿起肉湯，面對中山國使者和自己的兵將毫不猶豫地一飲而盡。

中山國君聞此，知城池必守不住，就上吊自殺了。

中山的這一計本來就怪得離奇，完全不懂得「戰以正合」的道理，況且樂羊乃吳起、白起一類的異人，均覺與人打仗，其樂無窮，以打勝仗、建功業爲人生眞諦，兒女親情甚至自己的身家性命都可爲打勝仗而犧牲，怎麼會捨本逐末，爲傷子之痛而罷手呢？所以這樣的計謀只能說是怪，不能說是奇。

人性及風格中也有「正」與「奇」。平凡普遍爲正，超凡脫俗爲

偉人的偉大是因我們太平凡

奇。遵循多數民眾共通的思維方式，恪守社會約定俗成的行為準則的人是常人；思維方式逸出常規而具超越性，行為方式我行我素而不顧他人臧否的人是異人。

其實，人性風格上的奇與正與軍事戰爭上的奇與正，道理是一樣的，也是「以正合，以奇勝」。不管是什麼樣奇特的偉人，只要生存在這個社會中，就脫離不了人群，而有常人「正」的一面。可惜人們太過於關注其「奇」的一面，而忽略了「正」的一面，以致於常常以為他們是神而不是人。偉人若每一個念頭都出奇，每一個動作都異常，那不就成了一個誰也無法理解的大怪物。如果沒人可以理解，又如何知道他是偉人呢？

同樣的，平凡普遍的事物中也有許多不尋常的東西，這點常被人們忽視。

歐陽修的〈賣油翁〉講的就是這個哲理。

北宋名射陳堯咨是射箭能手，自號「小由基」（養由基為春秋時的神射手）。一個賣油的老頭看他射箭，只是微微點頭。陳堯咨質問老頭：

「你怎麼敢輕視我射箭的本領？」

賣油的老頭取出一油葫蘆放在地上，把一枚銅錢蓋在油葫蘆口上，用勺子將油注入葫蘆內，油從銅錢中間的方孔流進去而銅錢卻不沾一點油。人們只知陳堯咨射箭奇，卻不知賣油老頭注油奇。社會中，這種由正出奇的事不勝枚舉。

「奇」往往是一種超越。某人深承中國傳統，不苟言笑。有一天，他忽然洞悉「不苟言笑」很可笑，於是笑了。從不笑的人笑了，這就很奇，但他本人卻超越了自己。

據書記載，哥倫布要去尋找新大陸，旁人都以為他是癡人說夢。等他發現新大陸回到西班牙，旁人又認為這不足為奇。於是哥倫布取出一枚雞蛋，請旁人將它直立於桌上，旁人均無法做到。輪到哥倫布示範時，他將雞蛋「呯」地一下敲在桌上，雞蛋底部破了，卻直立在桌上。哥倫布感嘆說：就這麼平常無奇，誰都可以做到，可是卻沒有人如此做！

西方有句名言：偉人之所以偉大，只是因為我們跪著。這句話不妨這麼說：偉人之所以出奇，只是因為我們太過於平常。

生活智慧

「奇」與「正」互為表裡。奇有奇的道理，奇有奇的超越，在關注「奇」的同時，不要忽略了「正」的一面，因為大多數的「奇」平常無奇，誰都可以做到，只是我們沒有想到或不去做而已，這就是「偉人」與「凡人」的差別。

沒有秩序所以
千頭萬緒

「治眾如治寡」，是孫子提出的一個方法論思想和一種管理學思想。他治理龐大的軍隊就像治理小隊人馬一樣，把一軍分成三師，一師分成三旅，一旅分成三團，直到一排分成三班，再利用通訊工具及其所表示的指揮信號，指揮大軍，使大軍就像小隊人馬一樣，步調一致。

讓我們來說一個有關牛頓的故事。

經典力學的創立者牛頓有一次正在做科學研究時，不小心將一枚小針掉到地上。他俯下身子四處張望，卻始終無法找到那枚針。牛頓畢竟是大科學家，他想到一個好辦法。他拿了一把尺和一支粉筆，在工作室的地上畫上整整齊齊的方格子。然後，他蹲在地上，從上到下，從左到右，一格一格的檢查著。只要檢查沒有，就在那方格中作一個記號。沒多久他就找到了那枚針。

這就是孫子所說的「治眾如治寡」，用現在的話來說，就是將無序變成有序。一個千頭萬緒、紛亂複雜的問題，把握起來十分困難，如果將它序列化，解決起來就相當容易了。

就「治眾如治寡」中的管理思想和組織思想，讓我們來看一則歷史小典故。

漢高祖劉邦手下有一個謀臣陳平。一年正逢社祭，鄉人推舉陳平為宰，主持分肉。陳平把肉分得十分均勻，鄉里父老都交口稱讚說：

「陳孺子為宰，太稱職了。」

陳平回答道：

「如果我陳平得宰天下，也能像分肉一樣。」

後來陳平在劉邦手下多有奇功，在呂后時果然擔任了丞相。我們從陳平年少時所發出的奇言豪語，可知他已領悟到「治眾如治寡」的精髓。

我們從陳平的故事可以知道管理國家也是一樣的。

中央轄省，省分地市，地市下設縣，縣管鄉鎮，鄉鎮下有村；各層級間相互協調、溝通、奉行法制，上級以身作則，下級不令而行，有法度在，執法如山，有禁

令在，令行禁止，如此就可以開創一個既生動活潑、又有條不紊的政治局面。這就是「治眾如治寡」。

　　有人寫起文章很容易，很複雜的內容，卻可下筆千言，倚馬可待；有人覺得寫文章太難，本來很簡單的想法，千迴百轉，下不了筆。其原因就是前者「治眾如治寡」，後者「治寡如治眾」。

會寫文章的人，一般都會確立文章的核心，然後圍繞著核心寫出一個大綱，再就每一個大綱寫成細綱，再就每一條細綱寫成一句一句的話。提綱挈領的工作也許寫成文字，也許只打腹稿，但這個變無序為有序的過程倒是一定會有的。如果我們硬性將其程序化，那麼所謂文章只不過是：首先寫一句，其次圍繞這一句寫三句，再次圍繞這三句中的每一句寫三句，又次圍繞這九句中的每一句寫三句⋯⋯如此這般，文章就寫成了。寫文章不難，變無序為有序就不難了。

再說，我們看到一本大部頭的煌煌巨著，洋洋數百萬言，覺得簡直不可思議：這是怎麼寫出來的？其實僅就寫而言，無非就是利用上述的技巧寫出來的。更使我們驚嘆不已的是：語言是在表達一種思想，那麼這煌煌巨著所表達的思想體系又是怎麼思考出來的呢？其實也是像上述那樣想出來的。圍繞核心思想的方面越多，譬如別人只能分三方面，他卻能分出七個方面，這個思想體系就越博大，下設的層次越多，譬如別人只能下設三個層次，他卻能下設七個層次，這個思想體系就更精深。所以，即使是最偉大的人物也有十分平凡的一面，最龐大的思想體系也有其簡單至極之處。

生活智慧　　一個千頭萬緒、紛亂複雜的問題，把握起來十分困難，如果將它序列化，解決起來就相當容易了。如何「治眾如治寡」、如何「變無序為有序」將關係著你經營自我人生的成敗。體會它，運用它到你的生活上，人生就只不過是一、二、三而已。

投降算輸一半

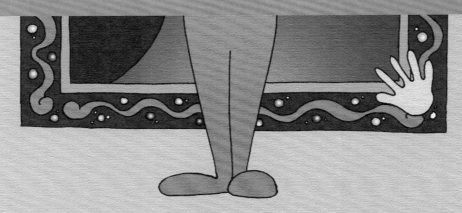

走爲上，是指在敵我力量懸殊的不利形勢下，採取有計畫的主動撤退，避開強敵，尋找戰機，以退爲進。這在謀略中也應是上策。

「走爲上計」這句話出自《南齊書‧王敬則傳》：「檀公三十六策，走爲上計。」其實，我國戰爭史上，早就有「走爲上」計運用得十分精彩的例子。

春秋初期，楚國日益強盛，楚將子玉率師攻晉。楚國還脅迫陳、蔡、鄭、許四個小國出兵，配合楚軍作戰。此時晉文公剛攻下依附楚國的曹國，明知晉楚之戰遲早不可避免。子玉率部浩浩蕩蕩向曹國進發，晉文公聞訊，分析了形勢。他對這次戰爭的勝敗沒有把握，楚強晉弱，其勢洶洶，他決定暫時後退，避其鋒芒。對外假意說道：

「當年我被迫逃亡，楚國先君對我以禮相待。我曾與他有約定，將來如我返回晉國，願意兩國修好。如果迫不得已，兩國交兵，我定先退避三舍。現在，子玉伐我，我當實行諾言，先退三舍。（古時一舍爲三十里。）」

他撤退九十里，已到晉國邊界城濮，仗著臨黃河，靠太行山，足以禦敵。他已事先派人往秦國和齊國求助。

子玉率部以追到城濮，晉文公早已嚴陣以待。晉文公已探知楚國左、中、右三軍了。

以右軍最薄弱，右軍前頭爲陳、蔡士兵，他們本是被脅迫而來，並無鬥志。子玉命令左右軍先進，中軍繼之。楚右軍直撲晉軍，晉軍忽然又撤退，陳、蔡軍的將官以爲晉軍懼怕，又要逃跑，就緊追不捨。忽然晉軍中殺出一支軍隊，駕車的馬都蒙上老虎皮。陳、蔡軍的戰馬以爲是真虎，嚇得亂蹦亂跳，轉頭就跑，騎兵哪裡控制得住。楚右軍大敗。晉文公派士兵假扮陳、蔡軍士，向子玉報捷：「右師已勝，元帥趕快進兵。」子玉登車一望，晉軍後方煙塵蔽天，他大笑道：「晉軍不堪一擊。」

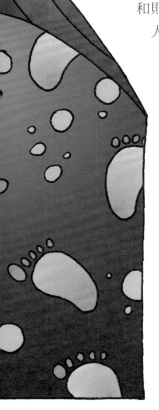

　　其實，這是晉軍誘敵之計，他們在馬後綁上樹枝，來往奔跑，故意弄得煙塵蔽日，製造假象。子玉急命左軍並力前進。晉軍上軍故意打著帥旗，往後撤退。楚左軍又陷於晉國伏擊圈，又遭殲滅。等子玉率中軍趕到，晉軍三軍合力，已把子玉團團圍住。子玉這才發現，右軍、左軍都已被殲，自己已陷重圍，急命突圍。雖然他在猛將成大心的護衛下，逃得性命，但部隊喪亡慘重，只得悻悻回國。

　　這個故事中晉文公的幾次撤退，都不是消極逃跑，而是主動退卻，尋找或製造戰機。所以，「走」，是上策。

　　古人說：敵勢全勝，我不能戰，則：必降，必和，必走。降則全敗，和則半敗，走則未敗。敵方已佔優勢，我方不能戰勝它，為了避免與敵人決戰，只有三條出路：投降，講和，撤退。三者相比，投降是徹底失敗，講和也是一半失敗，而撤退不能算失敗。撤退，可以轉敗為勝。當然，撤退決不是消極逃跑，撤退的目的是避免與敵主力決戰。主動撤退還可以誘敵，調動敵人，製造有利的戰機。總之是以退為進。

　　諸葛亮也堪稱運用「走為上計」的超級大師。他在任何敵強我弱的危急形勢下，都能做到全師而返。他六出祁山，六次撤退，六種「走」法。前五種為疑兵之計，殺回馬鎗，退避三舍，減兵添灶，以進為退。第六次尤其精采。那次可歎他「出師未捷身先死，巨星殞落五丈原」。臨死前他料定司馬懿得知他的死訊定會追殺，便囑楊儀依計從事。果然，當司馬懿得知蜀兵已退，斷定孔明真的死了，便引軍追趕，趕到山腳下時，忽聽一聲炮響，蜀兵「俱回旗返鼓」，只見蜀軍數十員上將擁出

一輛四輪車來，車上端坐著綸巾羽扇、鶴氅皂絛的諸葛亮。司馬懿大驚：「吾墮其計矣！」急勒馬便走，魏兵魂飛魄散，各自逃命，相互踐踏。而司馬懿逃了五十餘里，還用手摸頭說：「我有頭否？」其實，輪車上坐著的並不是活孔明，而是他生前準備好的自己雕像。這就是所謂「死諸葛亮能走生仲達」。同樣是「走」，司馬懿（字仲達）不該「走」卻「走」了，而且「走」得很糗，很沒水準；而孔明該「走」卻不「走」，這樣的「走」才是真正的「走為上計」。

孫子，你在說什麼？

生活智慧

　　在敵方已佔優勢，我方不能戰勝他的時候，為了避免與敵人決戰，只有三條出路：投降，講和，撤退。三者相比，投降是徹底失敗，講和也是一半失敗，而撤退不能算失敗。撤退，可以轉敗為勝。這樣的「走為上計」不僅可以運用在戰爭上，也可靈活運用在我們的生活中。如此才能在遇到險惡的環境時，仍能頭腦冷靜地運用智慧，保存實力，先求生存，再窺時機。

孫子，你在說什麼？

孫子喜歡談水，他在談兵的「形」、兵的「勢」、兵的「奇」時，都是用水來做比喻。

　　在＜虛實篇＞中，他說：「兵形像水」，水本來是無形的，因方圓容器的不同，而賦予不同的形，因此形勢有其變動不拘的性質，一旦點滴之水，成千仞之谿，激發而下，則如萬馬奔騰，是沒有任何力量可以抵擋的，所以孫子解釋「形」是：「若決積水於千仞之谿者，形也。」

　　再具體一點來說，水的本性雖然是至柔的，但如將它堰住，集多成量，便會變成至大至剛的力量。形勢的造成亦是如此，從局部的、片斷的轉變中，逐漸形成全面的、整體的改變，就像水一樣，從至柔變成至剛，這就是孫子說的：「善用兵者，修道而保法，故能為勝敗之政。」

　　為什麼孫子喜歡談水呢？因為「孫子尚智」。「智者樂水，仁者樂山」，中國傳統的許多思想，觀念都因為水而得以成形，許多智慧、謀略都因水而得到啟迪，許多感覺、情緒也都因水而得以寄託。各時代對水的寄情，形成了中華民族的「水文化」，同時又反映出中華民族的「水性格」。

　　老子說：「天下莫柔弱於水，而攻強者莫之能勝，以其無以易之也。」又說：「人之生也柔弱，其死也堅強（死後僵硬）。草木之生也柔脆，其死也枯槁。故堅強者死之徒，柔弱者生之徒。」中國歷史悠久、源遠流長，但又苦難深重、內憂外患不斷。在這種情形之下，中國民族傳統及文化始終保存、流傳。這種外柔內韌、以柔克剛、以弱勝強的性格特徵，不正是水性格的寫照。

　　另一方面，中華民族性格有較強的變通性和適應性。我們不能說中華民族的歷史一成不變，因為它雖然變得緩慢，但終究在變，它不是急風暴雨的突變，而是潛移默化的漸變。這也是為什麼有人會說世界上曾存在許多悠久的民族文化，但真正能保存至今的，僅中華民族而已。我們可以這麼說，有的外民族的歷史變革像火，中國的歷史變革像水。急變往往會使一種文化傳統面目全非，漸變卻往往使文化傳

統滲透於新質，而永存萬世。

　　從上述，我們約略可知孫子為什麼喜歡談水。戰爭的本性應該是火。但孫子不肯談火，幾乎不取「火」作為表達戰爭「形」、「勢」、「攻」、「變」的意象。他所重視的戰爭是以計謀韜略為主要的「上兵伐謀」，而不是血火映照的「其下攻城」。正是因為孫子尚智，所以他把「計」放在第一篇，談計、談謀、談形、談勢、談變、談奇，而這些都是可以從「水」取得意蘊的。此外還有這樣的原因：陰陽五行，相生相剋。而剋「火」的正是「水」。孫子在談水、在表達慎戰去殺的思想時，無意識中也就流露出中國文化、民族性格的特徵。也許，《孫子兵法》所具有的民族文化的代表性，比一般研究孫子的學者們所想像的要大得多、典型得多。

生活智慧

　　水的本性雖然是至柔的，但如將它堰住，集多成量，便會變成至大至剛的力量。形勢的造成亦是如此，從局部的、片斷的轉變中，逐漸形成全面的、整體的改變，就像水一樣，從至柔變成至剛。如何為自己的人生「造勢」，就在「談」水，了解「水」性中。

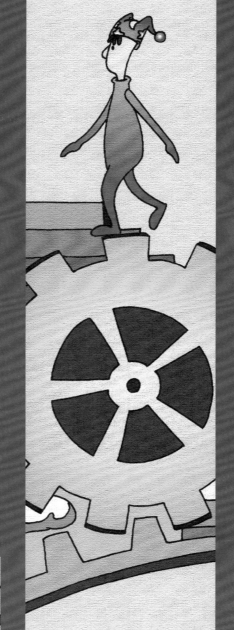

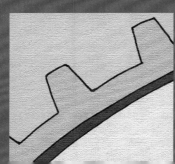

謹慎小心之後勇敢出發

兵法是研究戰爭、策略的一種學問，表面上看來似乎與和平、道德有些格格不入。其實不然，我們可以看到貫穿整部《孫子兵法》都是慎戰思想。

我們也可以看到《孫子兵法》一開始就教人要慎戰，＜始計篇＞有云：「兵者，國之大事，死生之地，不可不察也。」這就是在教導國家領導人，在用兵之前，必須慎重考慮，因為戰爭是國家大事，影響到國家的生死存亡，不可輕率。所以，我們可以說孫子是個和平主義者（至少在他晚年時）。

再者，中國古代的軍事家、思想家對戰爭無不持一種誠惶誠恐而又無可奈何的態度，一方面，他們一再強調戰爭帶來的巨大危害，一方面，他們也正視戰爭的現實存在及其客觀上具有的意義。既然戰爭是兩難中的行為，他們都提出「慎戰」的看法。

這可以看出孫子等的「慎戰」思想應是有久遠甚至永恆的意義。況且現在人類所發展出來的戰爭，其可能造成的極端危

害絕非過去的戰爭可以比擬。也許你正坐在地球這一邊的一張書桌上伏案疾書，地球那半邊的一顆核彈剎那間就使你沉入永恆的黑暗中，你甚至於來不及感嘆一聲；也許你一家人正在鮮花盛開、蝴蝶翩飛的大自然中享受天倫之樂，忽然天空中的一道閃光，這天倫之樂與那道閃光便一起凝固了；也許你正與情人在花前月下細語，也許你正焦躁地在產房外期待著新生兒的啼哭，也許……。人生中這麼多美好的「也許」一瞬間化為烏有。就因為被一種人類智慧異化到極致的東西幻化掉了。一切化為空白。在一個只要狂人按下電鈕就可以毀滅人類的時代裡，在一個被人類自己可能推向萬劫不復的社會中，「慎戰」尤其具有重要的意義。

孫子說：「兵以利動」、「軍爭為利」。但核子戰爭中，軍爭的任何一方都無利可言。核戰只是以鐵一樣的面孔冷冰冰地告訴人類：要麼共同生存，否則一起毀滅。想想看，從人類有戰爭以來，敵我雙方就竭盡所能地發明一種一舉就能置對方於死地的武器。然而，一旦這種武器真的出現了，敵我雙方又變成不得不休戚相關，生死與共，不得不彼此成為在地球上「同呼吸、共命運」的大家族了。核子武器竟然如此荒誕不經地超越了戰爭，人類也竟然如此滑稽地超越了自己。我們從中看出了荒誕與幽默，同時也看到了希望與光明。

生活
智慧

孫子說「軍爭為利，軍爭為危」，在核戰時代，許多傳統的軍事概念都發生了根本性的變化。今天的軍爭只有「危」，沒有「利」，如果順著孫子的思路去想，就核戰來論，我們不僅是要「慎戰」，而且要「去戰」。

別把對方逼急了

孫子在其兵法〈軍爭篇〉中提到一個用兵之法，即「歸師勿遏，圍師必闕，窮寇勿迫」，它的意思是說，給敵人一條生路，讓敵人失去決一死戰的決心，而使敵軍心潰散，造成對我方有利的戰機。

古人在譯注《孫子兵法》時，一般對此均持肯定的態度，但今人的《孫子兵法》譯注本中，有時則持保留或否定的態度，認為孫子的這一說法帶有消極和侷限性。其實，任何注釋都是讀者與作者之間的對話，是今人與古人的神會。

在提到「窮寇勿迫」時，讓人聯想到一句詩句：「宜將剩勇追窮寇，不可沽名學霸王」，不禁好奇應該「窮寇勿迫」呢？還是「宜將剩勇追窮寇」？它們兩者之間是否像表面看到的那樣矛盾？

公元前506年，孫武為吳兵主將領兵伐楚。兩軍在柏舉（今湖北漢川北）決戰，楚軍慘敗。而孫武乘勝追擊，五戰五捷，一舉攻占了楚國的都城郢。從整個戰局來看，孫武並沒有「窮寇勿迫」，而是「宜將剩勇追窮寇」。從戰術思想來看，「窮寇勿迫」確實是孫武一貫的主張，且與他其他的「用兵之法」相關連。之所以「圍師必闕，窮寇勿迫」，是因為「兵之情，圍則御，不得已則鬥」，否則反而會使敵人「陷之死地而後生」。

軍事上的「窮寇勿迫」其實也是一種社會化了的哲理。古人作注時便引用說「鳥窮則搏，獸窮則噬」、「困獸猶鬥，物理然也。」現在俗話中也常會有「狗急跳牆」這類的話。所以說，以「窮寇勿迫」作謀略的事蹟在社會中也常被人運用，而且奇得讓你料想不到。

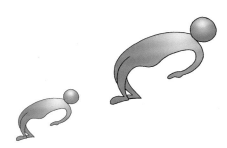

生活
智慧

　　在日常生活中，我們也有可能碰到「樑上君子」，也可以說是「窮寇」來「訪」的情形，這時候就可以用上孫子的「圍師必闕，窮寇勿迫」的法子，免得對方「狗急跳牆」，進而殺人，那時候所要付出的代價就不僅僅是失財而已了。

利益是戰爭的原動力

人類為什麼會有戰爭呢？因為「利益」的緣故。當一方為著自己的利益而要強行掠奪另一方的利益，而另一方不得不挺身而起，捍衛自己的利益時，就會有戰爭的發生。這就是孫子所說的：「軍爭為利」。這樣的戰爭發生於民族之間、社會階級之間，以及統治集團內部之間。掠奪別人而戰是不義之師，捍衛自己而戰是仁義之師，所以戰爭有正義與非正義之分。如果雙方都對彼此利益有非分的要求與掠奪的慾望，那就是孟子所說的：春秋無義戰。

其實哪裡只有「軍爭為利」？「天下紛紛，皆為利爭；天下攘攘，皆為利往」。趨利避害是人的本能。而且社會發展、人類智慧的驅動力之一就是利。沒有人類對自身利益的嚴重關注，就沒有文明的歷史，沒有人類對切身利益的驅動，就沒有技術的革新，生產的發展，那人類至今還在蒙昧中徘徊。

不過，社會進步、人類智慧的天敵也是利。戰爭狂人利用許多人對利的盲目追求，挑起毀滅文明的戰爭，為的就是利。社會中一些以權謀私的腐敗現象也是為了利。殺人掠貨、攔路搶劫、偷竊拐騙等一切作奸犯科的行為當然也是為了利。他們赤裸裸地把

個人私利，以極端的方式表現出來。馬克思說的好：百倍的利潤使人不怕上斷頭台。他們是見利忘身的一群。

孔子說：「君子喻於義，小人喻於利。」這雖是至理名言，但其中還需要一些補充。原則上來說，「義」與「利」分屬道德和經濟兩個不同的範疇，但在本質上，「義」與「利」也有共通之處。「義」可引申為共同的「利」，也是個人更高層次的「利」，而「利」是局部的、淺層次的「義」。所以人們並不指責透過正當手段而獲得的財富，只是憤慨那些「不義之財」。

人的本能避害趨利，君子，小人無不如此。但君子與小人的區別在於：君子知道全局與局部利益、長遠與暫時利益、根本利益與蠅頭小利的區別，而小人卻不知道，甚而兩者倒置，捨本逐末。孫子說：「軍有所不擊，城有所不攻，地有所不爭。」所謂不爭，就是為了大的利益而放棄小的利益，這是睿智的軍事家。日常生活中，利有所不取、名有所不爭、權有所不用，這樣的人往往能獲得更大的成就，實現人生更高的價值。而為掠奪他人的利益而以身試法的人，終會因占小便宜而吃大虧，甚至斷送生命。你、我能不小心而戒慎乎！

生活智慧

「天下紛紛，皆為利爭；天下攘攘，皆為利往」。有人說，人活著就為了爭名、爭利。但同樣是爭名、爭利，卻有不同的層次與高低。如何利有所不取、名有所不爭，讓自己的人生獲致更大、更高的成就，就需要我們的智慧了。

戰爭是一種詭術

孫子談兵，道詭、重奇、立詐。他爲兵家下定義：「兵者，詭道也」；他表達軍事藝術：「故善出奇者，無窮於天地，不竭如江河」；他確立用兵原則：「兵以詐立」。他在兵法十三篇中對詭、奇、詐作了全面的闡述。

戰爭是一種詭術。把戰爭稱爲詭道，可謂一語中的。其妙處在於既有詭，又有道。戰爭是生死存亡、你死我活的重大行爲。敵我雙方絕無將自己眞實的作戰意圖、攻擊目標，坦白告訴對方的道理。可以這麼說，對敵人的詭，就是對自己的誠。但戰爭又有「道」，一種自身規律，一種行爲準則。從行爲準則來說，雙方兵戎相見時，互有一個默契：你用你的聰明，我用我的才智，你竭盡全力，我不遺於力。戰勝戰敗，在智慧和力量上，是一場公平的交易。從自身規律來說，「道」雖只有一個，但實際運用時卻千變萬化。所謂「道，可道，非常道」，道，能說得清楚的，就不是永恆的道。所以，孫子感慨地說：「詭道」的變化與奧妙，就像圓環那樣無始無終、無窮無盡。

戰爭是社會存在的一種特殊形式。其社會的實質性並未完全改變，只不過其構成要素在量上發生了變化。「兵以利動」，戰爭是一種根本利益的衝突。雙方互爲敵我，以「詭」爲主。但「誠」也不能少。君對將，用之不疑，將對兵，誠而有信。

在正常的社會中，各方的根本利益大體一致，所以人與人應和平共處，要「誠」，要「人無信而不立」。夫妻之間本應赤誠相愛，若大行詭道，無異於把家庭當戰場，那將是一場夜以繼日的戰爭，戰況之慘烈可以想見，此時顯然只有「離」爲上計。

朋友之間理當肝膽相照，若以詭相待，無異以友爲敵，終將眾叛親離，成爲孤家寡人。同仁之間也應坦誠相見，若你詭我譎，無異將自己的整個人生都處於戰爭狀態。

話雖如此，但也不能忽略「詭道」存在的必要。自己病重，爲寬慰親人，「重而示之不重」；親人病重，爲建立其信心，「悲而示之不悲」。這就有點「詭道」。且與孫子所說的「能而示之不能，用而示之不用」相似。但這樣的「詭」有其赤誠的一面。

日常生活中，我們常說：
「害人之心不可有，防人之心
不可無。」前者是誠，後者有
「詭」。你出門在外，鼓囊囊的
口袋裡不裝錢，而將錢放在看
似羞澀的囊中，這樣的「虛則
實之，實則虛之」，就能看出
你也是一個懂得「詭」的人。

社會如果極不正常，就像
處在戰爭的狀態一樣，這時候
的「詭道」有時還成為你為人
處世的一個法則，因為只有運
用它，才能使你存活下來。所
以，我們說戰爭是一種詭術，
在人生的戰場上，我們何嘗不
是面對種種不同的詭術。

生活智慧　戰爭是生死存亡、你死我活的重大行為，所以它不得不「詭」，這時候的「詭」，就是對自己的誠。這時候的「詭」，才能使自己存活下來。這時候的「詭」運用起來才理所當然，自然、必須、合乎道。

三十七計，以敗爲勝

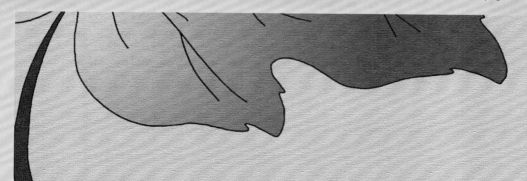

我們常聽人說三十六計，事實上，《三十六計》是一本書的書名，書分六套，每套六計，共三十六計。該書的作者、年代已無從考。其實，我們從《孫子兵法》中知道，兵者，詭道也。又「善出奇者，無窮如天地，不竭如江河」，「奇正之變，不可勝窮也」。三十六個計只能說是大概罷了。

我們又常說，三十六計，走為上策。《三十六計》一書中卻有這一計，排在「戰敗計」後的最後一個，意思是說，當你處在劣勢時，可以使用美人計、空城計、反間計、苦肉計、連環計，如果實在沒有辦法，可以用計一走了之。（孫子也談到「少則能逃之，不若則能避之」。）似乎計謀到此便無計可施。其實，「走為上」並非詭道的終極。

勝者敗了，贏者輸了，這樣的例子，我們見過很多。夫婦倆爲了些許小事使氣鬥勝，任何一方贏了都是輸。下屬與上司爭強，縱然下屬贏了也是輸，因爲下屬根本沒有贏的機會。大灰狼與小白兔說是非講道理，小白兔說贏了也還是輸。我上市場買菜，偶爾也會討價還價，如果被菜販子多要了幾塊錢，心裡會不舒服，有種被欺負的感覺。但討價還價後，又覺得得不償失：半個小時只值幾塊錢。所以，我買菜買贏了也是輸。

　　敗者勝了，輸家贏了，這樣的事情也不少。吳越之戰，夫差大破句踐，拘其到吳。此時的句踐極盡敗者之能事。夫差病了，句踐聞其「龍體失調，如摧肝肺」。又說自己能從嚐病人的糞便中知曉病情，還主動地要求嚐吳王的糞便。句踐揭開桶蓋，「左右皆掩鼻」，而他則「手取其糞，跪而嚐之」。就是這種無以復加的「敗」，使句踐後來殲滅夫差而稱霸。

　　《孫子兵法》講究「有形」與「無形」。讀者諸君，您見過「以敗爲勝」的「無形」戰術嗎？

　　某人雖學無專長，業無所著，但卻仕途坦順、平步青雲。同事們都覺得很奇怪。這個人也不是一點長處都沒有，譬如打麻將的技術就極爲精湛。自己的牌，別人的牌，他都能做到知己知彼。所以凡有方城之役，百戰不殆。不過，強中自有強

中手。每當一愛打哈哈的人入圍時，一定坐在他的下首，局畢他的口袋總是豐滿，而某人則總是一敗塗地，從無勝跡。他的妻子喜歡觀戰，見那個愛打哈哈的人牌藝平平，並沒有什麼了不起的絕技，不免覺得奇怪。一局下來，私下問其夫。某人春風滿面，不見輸態，含笑回答說：「他是我的頂頭上司。」孫子曾感嘆的說：「故善戰者之勝也，無智名、無勇功。」

　　在此獻上一計，這一計在歷史、社會上有其實，卻無其名。就稱此計為三十七計：以敗為勝。

孫子，你在說什麼？

生活智慧

　　我們常說，三十六計，走為上策。當你處在劣勢時，你可以使用美人計、空城計、反間計、苦肉計、連環計，如果實在沒有辦法，還可以用計一走了之。其實，除了「走為上」外，你還有三十七計可施。這第三十七計因人因事而異，因為「奇正之變，不可勝窮也」。

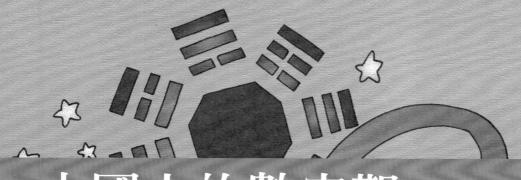

中國人的數字觀168

如果你把《孫子兵法》與孔子《論語》作一個比較，你會發現一個有趣的問題。孫子有極強的數目概念，文中涉及到數目的地方多達上百，而孔子對數目沒有特別的愛好，所以文中數目相對少一些。究其原因，孫子的研究領域是軍事，孔子的研究領域是倫理。前者屬自然科學，故數目觀念強；後者屬社會科學，故數目觀念弱。從思維方法看，孫子的理論與日常生活有一段距離，抽象、重歸納；孔子的理論從日常生活中啓發，重形象、屬發散型。從個人性格看，孫子言行簡約，思維嚴謹，具科學家氣質；孔子思路活躍，愛發感慨，具藝術家氣質。

中國哲學中雖然沒有畢達哥拉斯學派（古希臘的一個哲學流派，其代表人物爲畢達哥拉斯，其哲學觀點爲「凡物皆數」，特徵是把數哲學化）但對數卻有十分明顯的愛好。如陰陽五行、易經八卦等，甚而整個中國文化也有迷戀數字的特點。且不談中國古時即習慣用三、九等數字代表眾多，連民間喝酒猜拳，也是「哥倆好」、「五魁首」、「八匹馬」。在數目的運用中，明顯可看出中國民族的心理。中國人列舉數目，一般到九爲止，究其原因，中國人歷來恪守中庸，時刻警惕因至「極」而必然會引起向相反方向的轉化。表現最突出的是民間壽誕，我們可看到明明是六十大壽，但祝壽的那一天卻是五九週年的生日，這也就是民間所謂的「逢九作壽」。

對中國人影響最大的數字是五和八。這明顯地反映出一種民族文化的特色。「五」的哲學基礎是「五行」。他被認為廣泛地存在於自然、社會、人的各方面。如音樂有「五音」（宮、商、角、徵、羽），色彩有「五色」（青、赤、黃、白、黑，古人以此五種為正色，其他為間色），人體有五臟（又稱五中、五內）、五官，糧有五穀（哪五穀說法不一），食有五味（酸、甜、苦、麻、辣），人有五情（喜、怒、哀、樂、怨），甚至人倫綱常也是「五常」（仁、義、禮、智、信）。值得注意的是「五行」學說在戰國時期特別流行。而《孫子兵法》中，使用最多的數字剛好是五。開篇論道就是「經之以五」、「將有五德」，還有「知勝有五」、「色不過五」、「五行無常位」、「將有五危」，連「火攻」的方法也有五種，軍事間諜分五類。這充分證明了孫子對民族文化的汲取、運用及他所具有的民族文化的代表性。

「八」的哲學淵源是「八卦」。八卦原是《周易》中的八種基本圖形，主要象徵天、地、雷、風、火、水、山、澤等八種自然現象。並可以之解釋一切。八卦可以說是一種「系統科學」，但同時也傳達著太乙的神秘信息。於是「八」變得世俗化，成為民間最崇敬的數字。我們會聽到「逢八結婚」、「要想發，不離八」，我們的汽車牌照號碼、電話手機號碼要有「吉祥號」……等等。這都是後來被引申出來的商業觀念。此時的「八」就是「發」，人人追求的也就只有「八、八、八」了。

生活智慧

　　中國人列舉數目，一般到九為止，究其原因，中國人歷來恪守中庸，時刻警惕因至「極」而必然會引起向相反方向的轉化。而對中國人影響最大的數字是五和八。「五行」、「八卦」向來深植民心。如今，國人對數目的愛好，也許除了「八」之外，還是「八」了。其間或許有值得每人深思的地方。

置死地而後生
發動力量

《孫子兵法》中的一些話，可以看出孫子把人看得十分透徹。如兵法說：「三軍之眾，投之於險，此為將軍之事也。」他不僅認為將軍的責任是把軍隊投放在危險的境地，居然還硬著心腸、冷冰冰的說：「『死地』，吾將示之以不活。」他很懂這其中的道理。當把軍隊投之於絕地，他們就不能不奮戰，因為不戰一定死，死戰才可能有機會活，所以「投之亡地然後存，陷之死地然後生」。

　　這樣的道理，具有某種的殘酷性，但道理就是道理。因為病情的需要，當醫生為病人開刀時，手握亮晃晃的手術刀，下手一刀，你可看到病體肌肉波浪般地兩邊翻開，你嚇得要命，但手術還是要進行，刀還是要開。一部文明史就是一部優勝劣汰史。羸弱的部落一個個被鯨吞了，智力低下的種族一個個被滅亡了。如果你不能用智慧、勇力攀上迅猛向前的列車，你就會被扔下，甚至被歷史的車輪輾碎。你將會用什麼樣的態度去擠那趟列車呢？

　　道理很簡單。它並不是只有詩情畫意的一面。它就像一個人，有溫暖明媚、氣韻生動的面孔，也有冷冷冰冰、一無表情的屁股。

　　時下經濟掛帥，有人下海賺大錢，有人自甘清貧做學問。文化人雖然「風聲、雨聲、讀書聲、聲聲入耳；家事、國事、天下事、事事關心」，但哪裡會聽不到潮漲潮落的聲音？讀書人有時也會心理不平衡，自喻為「溫水青蛙」。據說是把青蛙放進溫水中，青蛙必死。因為它一進入溫水中，感受到暖和和、麻酥酥的舒服，就懶洋洋地躺在那裡了。等到溫度慢慢地上升，青蛙發現不對勁，為時已晚，它已經動不了，死了。讀書人的這種說法，等於是在說：「陷入生地然後死。」

　　其實，不論是「下海」，或者是「做學問」，從不同的角度或意義來看，既是「生地」，也是「亡地」。下海需要背水一戰的勇氣，做學問需要破釜沉舟的精神。既然都是生死存亡之地，那就看你怎麼選擇了。

孫子，你在説什麼？

　　孫子所謂的「死
地」、「亡地」，就是說
如果你不發揮力量反擊
的話便會被殺之地。孫
子的「死地」想法是非
常積極的。他甚至說，
如果為了要打勝仗，可
以自己造「死地」，自動
赴「死地」。我們可以借
用這樣的方法和精神在
我們的生涯戰場裡，以
一擋十的力量，安全地
踏入自己製造的「死
地」，走向成功之路。

對待部屬要像疼自己的小孩

戰爭本身是殘酷的，但又不能沒有仁愛。這乍聽之下很是奇怪，但卻是歷史的真實現象。所以，在《孫子兵法》中常常會提到「仁」。譬如，在為將之道中，他說：「將者，智、信、仁、勇、嚴」；在用兵中，他說：「視卒如嬰兒，故可與之赴深溪；視卒如愛子，故可與之俱死」；在用間諜中，他說：「非聖智不能用間，非仁義不能使間。」

仁愛與殘忍如此對立，又如此相似，有時竟不易區分。這種現象在戰爭中表現得尤為突出。只有視卒如嬰，才能與之「赴深溪」；只有視卒如愛子，才可與之「俱死」。所以孫子在應視卒如愛子之後，又加上了幾句話：「厚而不能使，愛而不能令，亂而不能治，譬如驕子，不可用也。」

戰國時期，著名的軍事理論家吳起將軍，他與最下層的士卒穿一樣的衣服，吃一樣的伙食，一樣地步行，一樣地身負糧食，一樣地睡地鋪。士兵中有一人身上長了毒瘡，吳起親自用嘴把毒膿吸了出來。這個士兵的母親聽到這件事情以後，不禁放聲

大哭。別人覺得奇怪，說：

「妳的兒子不過是個小兵而已，吳將軍卻能這樣的善待妳的兒子，妳怎麼還哭呢？」

母親說：

「諸位有所不知，當年孩子的爹也長了毒瘤，吳將軍也是這樣為他吸膿，結果，他爹不久就在一場戰役中英勇的死去了。我之所以會哭，只怕這孩子也活不了多久了。」

吳起不愧為一代傑出將領，否則他不可能真正做到「視卒如愛子」。雖然從母親的角度來看，仁愛中有著殘忍，但將軍就是將軍，把自己的士兵塑造成一名英勇無畏的戰士是他的天職。至於那位母親，因心痛失去親人而悲泣，無疑也是仁，親情之仁。無論是吳起，還是那位母親，在仁愛上都沒有選擇的餘地。

老子曾說：「大仁不仁。」不管「大仁」如何與殘忍相像，在本質上是有區別的。如果表面上視卒如嬰兒、視卒如愛子，臨到危急時，只要士卒赴深谷、赴死亡，自己卻不與之共赴，這就是「偽仁」，這就是「殘忍」，哪能說是「大仁」。

而且，「大仁」也有「度」，過度即為殘忍。仁者，人也。行大仁應本乎人性、順乎人情、合乎人道。我們都知道，大詐若直的人是最難防的，而大殘若仁的人更須警惕。仁愛與殘忍雖有本質的區別，在現象上卻只隔著一張紙。兩者之間，差之毫厘，謬之千里。這毫厘之差，就在一心。

戰爭中不能沒有謀略，但更不能沒有仁愛。「兵之勝敗，本在於政。」政者，以仁爲本。

戰國時，魏武侯與吳起共乘船，順著黃河而下，武侯指著雄偉壯麗的河山對吳起說：

「你看，高山大川如此險固，眞是我們魏國的鎮國之寶啊！」

吳起立即答道：

「國家的安危盛衰，在於政治的好壞，而不在山河的險固。上古時南方的部落三苗氏，左有洞庭，右有鄱陽，雖地勢險要但因不修德政，失去民心，終被夏禹所滅；夏朝末代國君夏桀，左有黃河、濟水，右有太華山，南有龍口山，北有羊腸板，山川險峻，卻因政治腐敗，結果被商湯趕跑。而商朝最後一個君主紂王，左有孟門山，右有太行山，北有恆山，南有黃河，由於殘暴無道，最後被周武王戰敗而自殺。由此可見，國家的安危『在德不在險』。假如大王您不修德政，不講仁愛，那麼就連我們這條船上的人都會成爲您的仇敵！」

雖說謀略屬於智慧的範疇，仁愛屬於情感的範疇，但就深層意義上，兩者合而爲一。

話說當時秦趙交惡，趙孝成王命趙括爲統帥。趙括的母親緊急上書趙王，竭力反對任命趙括爲將。趙王召見趙母，問不能命趙括爲將的原因。趙母答說：

「趙奢（趙括的父親，趙國聲名卓著的將軍）爲將時，大王和宗室賞賜給他的金銀財

物，他悉數分賞給部下，自己一點不留。現在，趙括剛剛受命爲將，就作威作福，他的部下都懼怕他。大王賞賜給他的錢財寶物，他不是拿來購置田產，就收藏在家裡。大王您看，他怎能和他父親相比呢！」

趙孝成王不聽趙母之言，結果趙括被秦將白起打敗，四十萬趙軍全被坑殺，趙國從此一蹶不振。

由此看來，一名眞正的將軍，不僅要有超凡出衆的謀略智慧，也必須有博大胸襟的仁愛之心。

視卒如愛子，這是非謀略之大謀略也。

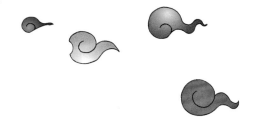

生活智慧

為將之人如能視卒如愛子，下屬必會感恩，而與將軍共生死。這是非謀略的大謀略。但是如果只會厚遇部下，而不懂得使用部下；只會愛護部下，而不能上命下達；部下如有不正當的行為，也不能適時糾正，這就不是將軍之材了。

對敵人施加壓力使其恐懼

在中國戰爭史上有一場著名的「淝水之戰」。

話說當時外表強大的前秦與東晉戰於淝水。在前哨戰中，東晉一舉消滅秦軍一萬五千人。東晉軍先聲奪人，秦軍士氣受挫。在兩軍對壘時，晉軍陣容嚴整，鬥志高昂，前秦軍主帥苻堅深受威懾，以致於在觀看東晉軍陣容時，把八公山上的草木也誤以為是東晉軍隊。這就是所謂的「草木皆兵」。東晉軍主帥謝玄心生一計，他要求前秦軍退後一步，挪出一塊地方讓雙方決戰。苻堅自作聰明，想等東晉軍半渡淝水時出擊，便同意了。但前秦軍聽到後撤命令時，軍心大動，因而失控；謝玄這時抓住機會奮力猛撲；同時被派在前秦軍做內應的晉軍，此時高喊：「秦軍大敗了！秦軍大敗了！」這下子，秦軍驚恐萬分，互相踐踏，各自逃命。以至在逃命時，連風的聲音、鶴的叫聲都以為是晉軍在追擊。這就是所謂的「風聲鶴唳」。

「草木皆兵」也好，「風聲鶴唳」也罷，都是「威加於敵」的神奇效果。「威加於敵」有一個最基本的原則：己方軍隊先要克服恐懼，產生勇氣，同時，使敵方持續在恐懼中喪失戰鬥力。心理學研究指出：恐懼是指人在遇到危險或想像的危險時所產生的一種情緒。人如果受恐懼情緒的左右，就會驚慌失措，陷入精神失常的狀態。這樣，敵軍就喪失了冷靜的判斷力。因判斷力失常，就可能誇張其危險性，其危險性越被誇張，就越引起恐懼，越恐懼就越誇大其危險性。如此惡性循環，自然兵敗如山倒。

對敵人施加精神壓力，使其產生恐懼的方法可以說是花樣百出。古時城濮之戰，晉將胥臣把虎皮蒙在馬背上，突然衝向敵陣，楚軍大駭而敗；南北朝時，齊國大將王長恭戴怪面具與敵廝鬥，使對方膽顫心寒。當代英國與阿根廷之間的福島戰爭，英軍就利用了各種手段造成阿軍的恐懼，英軍登陸，其實並沒有受到阿軍的頑強抵抗，但英軍仍然使用強大的火力，目的就是想威加於阿；英軍包圍阿根廷港，日夜炮火猛烈轟擊，使阿軍精神無法鬆弛；英軍又利用電台、報紙大肆宣傳在英軍中服

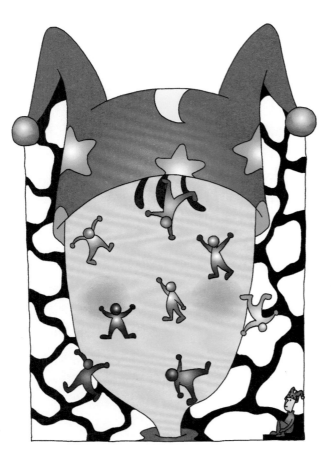

役的尼泊爾士兵是如何的凶狠、強悍，以加劇阿軍的恐懼感。結果阿軍在戰鬥中不戰而逃，有的阿軍軍官竟精神失常。可見在現代戰爭中，「威加於敵」仍然是一個有效的謀略。

生活智慧

　　對敵人施加精神壓力，使其產生恐懼的方法很多，也頗有效果。但一國的領導者把這樣對待敵人的謀略用來對待人民，是很可怕的。如果你把周圍的人都視為競爭者、敵人而「威加於敵」，那這樣的心態就更加匪夷所思了。戰爭中的物質武器不可避免的被新技術所淘汰，但精神武器可千萬不要如此這般地被發揚光大。

認識自己，戰勝自己

　　《孫子兵法》也許有人終其一生沒有看過，但「知彼知己，百戰不殆」這句話卻人盡皆知。它說的是一個眞理，一個放之四海皆準的眞理。但既然是眞理，就注定了是一個永遠只能追求，而無法達成的理想。

　　三國鼎立後，諸葛亮一直想完成先主的遺願：匡復漢室、統一中原。在某種程度上來說，諸葛亮可以說是一位能做到「知彼知己」的傑出人物。但就因爲他能知彼知己，所以才覺得越往後發展越對蜀國不利。雖然面對時機不再的緊迫，以及大業難成的憂慮，他也只能「鞠躬盡瘁，死而後已」。他，知其不可爲而爲之，他，六出祁山，六次無功而返，他，最終在第六次出祁山時，魂斷五丈原。知己知彼，卻不能百戰不殆。諸葛亮的悲慘命運，贏得多少人「出師未捷身先死，長使英雄淚滿襟」的感嘆。

　　就因爲「知彼知己，百戰不殆」是一個永遠都必須追求的境界，所以它的魅力是永恆的。翻開歷史，有多少的軍事奇才，有多少的能人志士，在追求這個境界的過程中創造了輝煌的業績，又有哪一個人不是爲了「知彼知己」這簡單的四個字而耗盡了畢生的精力。甚至於，整個的哲學、心理學、文學，乃至自然科學，又有哪一樣文明成果不是對「知彼知己」的追求呢？

　　知彼知己，是一個事物的兩面。不「知己」，哪能談得上「知彼」。你想了解對方，以什麼爲基礎、爲依據呢？只有以自己爲依據。所以古語說：「察己則可以知人」。因此，要做到知彼知己，需要具備良好的心理素質，以及廣泛的容受能力。你才能容受假、醜、惡，也才能對付假、醜、惡。就像海洋，在容納無數的珍奇海生動物的同時，本身也成爲藏污納垢的場所。不過，藏污納垢之後要淨化污垢，否則就無法容納海生物了。

　　知彼知己，是很難的事。你只能是「己」，你不是「彼」，但又要把「己」設想成「彼」，這好難。好在人與人之間畢竟存在著一些共同性。你與你的敵人存有共同性，這是一件不愉快的事實，也是人際關係

中，叫你說不清道不明的地方，但卻能使你做到知彼知己。又好在「己」是「己」，「彼」是「彼」，一個人與另一個人畢竟有一些不同的地方。如果都相同，你也「知彼知己」，我也「知彼知己」，打起仗來豈不成了「以子之矛，攻子之盾」。所以要想知彼知己，既要把「己」當「彼」，又要超脫「彼」，反歸於「己」。

生活智慧

　　知彼知己，是一個事物的兩面，不「知己」，哪能談得上「知彼」，所以要想知彼知己，要把「己」當「彼」，又要超脫「彼」，反歸於「己」。因而，在「知彼知己」之前，請先認識自己吧！因為唯有這樣，你才有可能正視自己，戰勝自我，也才有可能「知彼」，而「百戰不殆」。

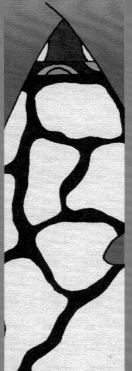

選擇利的同時也選擇了害

有一則寓言來自法國著名的寓言詩人拉封丹：

有一頭驢，在它的兩邊有兩堆同樣大小、同樣遠近的草，它始終不知該吃哪邊的草，結果餓死了。

這就是所謂「拉封丹的驢」。

抉擇很難，「人生無所事，惆悵欲何之」；但必須抉擇，否則就成了「拉封丹的驢」。

抉擇之難，難在其中有利也有害，選擇利的同時，也可能選擇了害。所謂「有一利必有一弊」。所以孫子說：「是故智者之慮，必雜於利害。雜於利而務可信也；雜於害而患可解也。」這句話的意思是說，明智的將帥考慮問題時，會同時考慮到利與害兩方面，考慮到有利的一面時，才能提高信心；考慮到有害的一面時，才能預防可能發生的禍患或意外。孫子的話雖然是針對軍事來說，對人生也具有普遍的意義。

美國電視系列劇「成長的煩惱」中，有一集為「事業的選擇」。男主人傑生是一位精神病醫生。他為了讓妻子的人生更有意義，事業更有所成就，甘願放棄自己很有前途的職位待在家裡。這時他妻子因工作中出了麻煩而灰心喪志，而他卻有一個在三十七歲當一家大醫院心理專科主任高位的機會。他覺得很難抉擇，便列出了「利」與「害」兩個項目。在選擇當主任的「利」這一欄中的理由有數條，在「害」這一欄中的理由只有一條。最後他卻選擇待在家裡，在家裡接待病人，同時兼作「家庭主夫」。因為「害」這一欄中的理由雖只有一條，卻是他覺得最重要的一條：他去當主任，他的妻子就得回家當「家庭主婦」。

「雜於利害」時，一般「利」的一方會得分較多，「害」的一方會得分少。因為考慮「利」

時，思想受激動，考慮「害」時，一般人會有不願正視的迴避心理。這種只計其利、不計其害的心理，不知造就了多少的失敗者。更有甚者，當「利令智昏」時，還會有人以害為利呢！所以，為人處世，謀斷事情，能不「雜於利害」嗎？

生活智慧

　　人生有很多的抉擇。抉擇之難，難在其中有利也有害，選擇利的同時，也可能選擇了害。當我們考慮時，要考慮到暫時的利可能是長久的害，小的利可能轉化為大的害。不過，不管你的抉擇是什麼，一定要有所抉擇，否則你就成為「拉封丹的驢」了。

明知有詐仍被詐才真的「詐」

從戰爭謀略來說，「詐」是用兵的一個基本原則。你使詐，我也使詐，彼此扯平，關鍵在於誰使的「詐」更高明、更成功。這裡面的鬥智是何等的尖銳、精采，有其學問。

諸葛亮的「空城計」流傳千古，已成計謀經典。事實上，「空城計」就是「詐」。

諸葛亮出兵伐魏，錯用言過其實、不可大用的馬謖，失了街亭，只好退兵。可是當姜維帶大軍撤走後，司馬懿即率大軍來到諸葛亮所在的西城城下。當時諸葛亮身邊只有老弱病殘數千人，形勢危若累卵。諸葛亮撤去旌旗，讓城門洞開，自己則

在城樓上焚香鼓琴。諸葛亮的好整以暇，司馬懿看在眼裡，以爲有詐。但這詐是什麼呢？詐我攻？還是詐我退？他便想透過諸葛亮的琴音來判斷。仔細聆聽，琴音悠揚，一絲不亂。他因此推斷諸葛亮是在「打埋伏」，因而引軍退去。

司馬懿明知有詐而還是被詐，是因爲他深知「諸葛一生唯謹愼」，以爲他絕不敢冒如此大的風險。孔明使詐難成功而終於成功，除了當時別無選擇之外，更重要的是，他深知司馬懿了解自己的性格。你以爲我不敢冒大風險，我就偏偏做給你看。在兩人的智力較量中，激烈的智力較量往往能激發較量者的創造力，這種創造力就是較量者的一次自我超越。司馬懿沒能超越自我，當然也就更沒能超越諸葛亮；而諸葛亮卻漂亮地超越了自我，這是司馬懿所不能之處。所以當司馬懿知道那只不過是一座空城時，他不禁仰天長嘆：「我不如孔明遠矣。」司馬懿有此一嘆，畢竟不失爲智謀中人。

生活智慧　　　　在兩人的智力較量中，激烈的智力較量往往能激發較量者的創造力，這種創造力就是較量者的一次自我超越。能時時超越自我的人，成功當然易如反掌。

想騙人又怕被人騙

詐，不僅僅是對人的智慧的一種讚揚，而且，詐，還是現實人生中的一種保護生存的有效手段。

　　東晉大書法家王羲之自幼便受王敦喜愛。一天早晨，他睡在王敦的帳中醒來，聽到王敦與人談起叛亂的事，感覺到自己很危險，便故意吐出一些唾液弄髒臉面和被子，裝成睡得很香的樣子。王敦正議論時，猛然想起王羲之還睡在屋裡，便想殺他滅口。王敦到王羲之睡的床邊一看，他唾液四溢，睡意正濃，便打消了殺人滅口的念頭。王羲之因此而得救。

　　如果把王羲之當時的處境放大為一種社會場景，那麼，求生的本能就會使「詐」成為人的一種本性。

　　如果在一般社會狀態中就像在特殊的戰爭狀態中一樣，達成彼此都可以使詐的默契，那麼，「詐」並不可怕，畢竟還存在一種公平性。可怕的是要求對方必須忠，而自己卻可以肆意使詐，寧可我負天下人，不使天下人負我。可怕的是表面上標榜直，而骨子裡卻是詐，所謂大詐若直。

　　凡大詐若直的人，表面上的誠，是騙你的忠，骨子裡的詐，是不許你詐。這是一種侵略，一種掠奪。自己常在詐人，自然怕人詐己；越是怕人詐己，越要詐人。處於這種心態的人，恰恰被命運所詐。這真是一場人生的悲劇。

生活智慧

　　中國傳統文化可以說是講究倫理道德的文化。一般人多談仁、義、誠、信、禮，而不喜歡大談詐。然而，有時詐還是現實人生中的一種保護生存的有效手段。不過，詐不能成為你的行為模式，變成你的一部分。因為你終究不是活在「戰爭」裡，而是活在「人人厭詐」的社會中。

可以耍心機，但別耍一生

在良好環境中成長的人對於那些歷經坎坷的人總有個想法：該輕鬆的時候不輕鬆、該瀟灑的時候不瀟灑，整天一副思索狀，像個哲學家，人們玩這玩那，他們只會玩一樣——玩深沉。這話說得也不無道理。

整天一副思索狀，是在幹什麼呢？無非是在「權」、在「謀」。什麼是「玩深沉」呢？玩，就是玩味，細細體會；深沉，就是難測，思想感情不外露。這裡邊包含有這代人權謀心重的意思。「玩深沉」也沒什麼不好。人生微妙，社會複雜，生活在世上不容易，你不深沉點，行嗎？新生代只知道這一代的人重權謀，「玩深沉」，卻不知道這一代人之所以如此的苦衷。看見新生代想跳舞就跳舞，想批評政府就直呼

某某某，想與情人親熱就旁若無人的親熱，想打架就大幹一架，而自己的青春卻一去不復返地永遠給「深沉」掉了。身爲人何嘗願意權謀，但身處在權謀的時代，不權謀也不行。你總不能視而不見地一味輕鬆、瀟灑吧？！結果，你「三思而後言」，我「三思而後行」，「人人防我，我防人人」，處處皆「玩深沉」。

　　有一個聽來的故事：法國封建君主路易，他的一生一直給人勵精圖治、睿智天縱、道德堪爲楷模的印象。但在臨終之時，他卻對左右說：「你們看！我的一生演得還不錯吧？」臨終的話總有它的眞實性。可嘆他的人生，不是在「過」，而是在「演」。這樣的人生是否可稱之爲權謀的人生呢？

　　「玩深沉」的人們，心境一定十分複雜，就像辛棄疾寫的《醜奴兒》：

　　少年不識愁滋味，愛上層樓。
　　愛上層樓，爲賦新詞強說愁。
　　而今識盡愁滋味，欲說還休。
　　欲說還休，卻道天涼好個秋。

可以耍心機，但別耍一生

　　　　「玩深沉」沒什麼不好。人生微妙，社會複雜，生活在世上不容易，你不深沉點，行嗎？而「玩深沉」也並非就好。人生在世，只當旅遊，何不瀟灑走一回；難道非得像個搬運工，把權謀搬來搬去，這豈不是把整個人生給權謀掉？

人恆詐之
詐人者

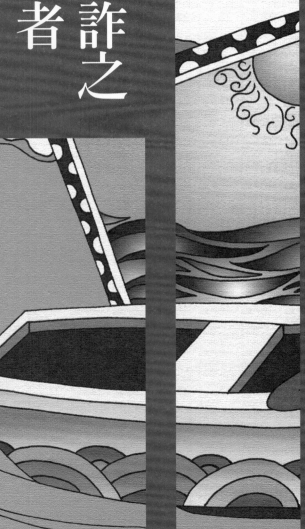

《孫子兵法》說：「故善戰者，致人而不致於人。」致人，就是調動敵人，讓敵方中圈套，聽我擺佈，完全掌握戰爭的主動權。敵我雙方都想「致人」而不願「致於人」，所以「致人」與「反致人」自然成為雙方謀略、交鋒的大焦點。

我明知你想致我，我豈肯甘願被致；相反的，我就算想致你，你也不會輕易上當。所以彼此都要絞盡腦汁，致人而不被人致。也因此「致人」的方式花樣百出，調虎離山、聲東擊西、圍魏救趙、李代桃僵、欲擒故縱、拋磚引玉，以及美人計、反間計、假道計等都是如此。戰爭史上的一些精采篇章，諸如赤壁大戰，簡直是「致人」謀略的大匯展；蔣幹勸降是曹操要「致人」；周瑜借刀殺蔡瑁、張允，是「反致人」同時又是「致人」；黃蓋的苦肉計、龐統的連環計，讓曹操以為可以「致人」，其實卻是「致於人」。

戰爭只不過是社會存在的一種特殊狀態。其實，在社會中「致人」之術處處可見。

就要評論職稱了，卻派學術成就高的人出一趟差到美國，這是調虎離山。

在改革的大事上攻不倒改革家，就說他的作風有問題，這是聲東擊西。

你在業務上想要超過我，我就在芝麻綠豆的小事上和你糾纏不清，這是圍魏救趙。

開賭場，設騙局，讓你先贏一些錢，再讓你輸個精光，這是欲擒故縱。

如果政府的政策不准我開公司，我就讓親友去當法人，這是李代桃僵。

上司開明地叫下級提供意見，意見提完了，發給你一個紅包，這是拋磚引玉。

不重視經濟管理，不提高經濟效益，只派花枝招

展的公關小姐去「攻關」，這是美人計。

無中生有，亂打小報告，一張郵票五元，調查小組查一年，這是反間計。

以檢查為名，這也試用，那也試看，這是假道計。

可惜的是，在正常的社會中，正直的人，與人為善，只知遵循公道，不熟諳「詭道」，只適應公平競爭，卻不適應「戰爭」，以致於不能做到「致人而不致於人」，而不得不時時處在劣勢當中了。

 生活智慧

在社會中，「致人」之術處處可見。它就存在於我們的周遭，其實，「致人」的方法名聲雖然不好，那是因為被不好的人用在不該用的地方，才被玷汙。我們應當小心防範，甚至以其人之道還治其人，也能做到「致人而不致於人」，就不會被人擺佈，而生活在看不見的「戰爭」中。

被無聲的貓給吃了

吵鬧的老鼠

有人說過這麼一句話：「嘰嘰喳喳的是麻雀，不聲不響的是老鷹，麻雀被老鷹吃了；嘰嘰喳喳的是老鼠，不聲不響的是貓，老鼠被貓吃了。」真是個「此時無聲勝有聲」。

無聲，處「無形」的狀態，能掩蓋自己的缺點，讓別人無法下手。魏晉名士阮籍身處封建季世，又要潔身自保。司馬昭想籠絡他，與他結為親家。可是他成天飲酒，一醉就是好幾十天，醉得「無形」，使司馬昭連說話的機會都沒有。權貴人物鍾會總想掌握他的把柄來陷害他，但只要鍾會上門，阮籍總是爛醉如泥，任你問什麼，他都「無聲」。阮籍用無形、無聲保全了性命。

孫子認為，敵我對陣，攻守之時，要做到「形人而我無形」。形人，就是利用各種手段查明敵情，或使敵軍真象暴露出來；無形，就是讓敵人看不出我方端倪，弄不清我方意圖或底細。形人，就是讓敵人的真面目顯露一如白畫；無形，就是讓己方隱蔽一如黑夜。

我在暗處，你在明處，我攻你，衝其虛，我守你，防其強；而你攻不知所攻，守不知所守。以暗打明，哪會有不勝的道理。孫子一想到打仗能打到這種境界，不禁樂不可支地說：「微乎微乎，至於無形，神乎神乎，至於無聲，故能為敵之司

命」。（司命，為掌握生命之神。）

　　為人處世也有有形、無形之分。有人淺顯易見，有人高深莫測；有人老實可見，有人城府難窺；有人有話就說，有人沉默寡言；有人居常守一，有人變化多端。儘管各種性格就其本身而言無所謂善惡好壞，然而一般來說，人們碰到那些喜怒形於色、淺顯守常的人有安全感，因為他們「有形」；人們碰到那些胸有城府、不多說話的人有戒心，因為他們「無形」。但弔詭的是，人們往往更重視後一種的人，而輕視前一種的人。你對他不設防，可能是信任，也可能是藐視；你處處防範他，可能認為這種人很厲害，你很在乎他。如此看來，在日常生活中，人們也還是繃著「戰爭」這根弦的。

生活智慧　　任何的社會都有真、善、美與假、惡、醜。如果碰到「無形」的假、惡、醜，我們要像孫子說的那樣「形人」，去認清它、揭露它，使之現原形。如果碰到「有形」的真、善、美，我們要把它提高到「無形」，使它普遍開花，深入到人性中。這時候就不用在乎為人處世是否也有「有形」、「無形」之分了。

以禮服人，以武抗暴

孔子有一句話很能代表他的政治主張：「道之以政，齊之以刑，民免而無恥；道之以德，齊之以禮，有恥且格。」而有許多事情可以為孔子所說的道理作注釋。

　　東周時期，晉國因天災鬧飢荒，此時盜患氾濫，個個「飢寒起盜心」。

　　荀林父大權在握，專以捕殺盜賊為能事。當時有個叫郤雍的人，特別擅長捕捉盜賊，很受荀林父的重用。

　　有一天，郤雍在市集上遊逛，忽然指著一個人說，他是盜賊。捉來一審，果然不錯。他的上司覺得很詫異，問他為什麼知道那人就是盜賊。他回答說：「經我的觀察發現，這個人看見市面上賣的林林總總，眉眼間流露出來一種貪婪的神情，但是一見到我，就面帶懼色。所以我斷定這個人一定是盜賊。」

　　當時有個大夫叫羊舌職的聽到這件事後說：

　　「有一句民諺：『明察淵中之魚的人不吉祥，料知隱匿之事的人必遭殃』，現在郤雍明察秋毫，大概活不了多久了。」

　　不出三天，郤雍果然被盜賊殺死在郊外，荀林父也因此憂憤而死。

　　後來一個叫士會的接替荀林父為輔政，他一反前任的作法，廢除緝捕盜賊的法律條文，致力於道德教化，結果使作姦犯科的人無處容身，紛紛逃往他國，晉國因此大治。

　　韓非子也有一句話能鮮明地表達他的政治主張。他說：「聖人之治國也，固有使人不得不愛我之道，而不恃人之以愛為我也。恃人之以愛我者，危矣。恃吾不可不為者，安矣⋯⋯明主知之，故設利害之道以示天下而已矣。」可為韓非子的話作論據的事情也不少。

　　在歷史上，只講究文治而荒廢武力的國家，被武力強的異國侵占、奴役的事例比比皆是。

戰國時，有一個徐偃王，在作戰時大行所謂的「仁義」，結果被楚國滅掉；當時孔子的故國魯國一味地尊崇儒家的「仁愛」，結果國家被毀，宗廟不存。

儒家崇尚仁義道德，法家倡導以法齊民，這兩者都有道理，但也都不無偏頗。事實上，它們在政治思想上形成了一種互補。沒有一個朝代、沒有一個國家是只講禮治而不用法治的，也沒有一個朝代、一個國家是只講法治而棄絕禮治的，禮、法兼治就是中國古代的政治思想傳統。

生活智慧

在日常生活當中，我們有時會碰到「秀才遇到兵，有理說不清」的時候，我們就希望自己是個能文能武的「武強書生」，能以文理論、能以武抗暴。這和以禮、以法兼治一個國家是一樣的道理。

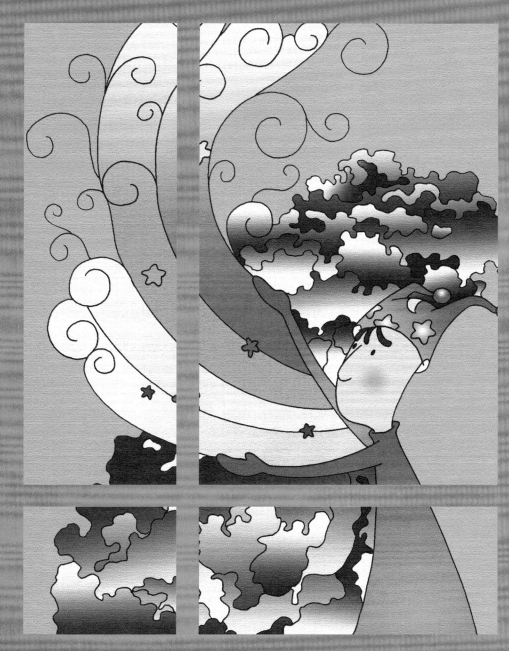

女人的心海底針

女人難知猶如兵法的「難知如陰」，不過前者的難知帶有神秘的愉悅之情。因爲從這樣的「難知如陰」中可領悟到一種人性中的奇妙詩意。

俄國作家列夫‧托爾斯泰曾爲了說明男女兩性的不同打過一個比喻。他說：男人會犯錯誤，女人也會犯錯誤，但兩者連錯誤也犯得不同。譬如你問二加二等於幾？男人會說等於八；而女人則說等於蘋果。

女人容易「意識流」。西方文藝理論界有時就把「意識流」稱爲「女性現實主義」。「意識流」最能呈現出一個真實的自我，所以賈寶玉說「女人是水做的」，清澈見底。也有人把女人稱爲「不設防的城市」。

但理性總是比感性簡單得多。潛藏在心靈深層的意識就是呈現給你看，你還

是會深感「難知如陰」。女人織毛衣，常常堅持不懈地織一件把時間和精力折合成金錢會是其五倍價值的毛衣。男人實在無法理解這是為了什麼。即使你自以為理解了，她在織毛衣時，意識同時也由毛衣「流」到感情上去了。她打出的每一針都在宣洩著深情。其實你還是沒法理解。理性怎麼能理解感性？

女人難知，男人想知。女人對男人始終是一個猜不透的謎。其實，猜透了還有什麼意思？這也是為什麼女人是男人永恆的追求。女人的「難知如陰」是人性中的詩情。

生活智慧

　　女人的「難知如陰」，帶著詩情，有著感性，讓人打心底感覺一股溫暖，有如沉浸在明媚的陽光中。

準備好自己，
等待好時機

孫子說：「故用兵之法，無恃其不來，恃吾有以待之；無恃其不攻，恃吾有所不可攻也。」這句話的意思是說：如果要打勝仗，不要指望敵人不來，要依靠自己早已做好了的準備等它來；不要巴望敵人不進攻，要依靠自己的嚴陣以待，就算對方進攻也是失敗。其實這樣的思想可以作為我們安身立命的人生態度。人生應該以此為座右銘：吾有以待。

一個人年輕時，往往充滿了雄心大志，認為世上沒有什麼做不到的事情，認為輝煌的人生就在等著你。年輕時沸騰的熱血、風發的意氣，是生命力的衝動，是一顆富有活力的心在怦然跳動。試想，一個沒有夢想、沒有色彩、沒有激情、沒有自信的青春豈不是太可悲了嗎？因而，有熱血，青春無價；有夢想，青春無悔。對一個追趕朝露的人生，我們歡樂地說：吾有以待。

隨著時光無情的打磨，我們漸漸明白：是夢，就有夢醒的時候。當你第一次意味到青春美夢破碎時，你便成熟了。你會無奈地意識到：有許多事情，你「心比天高，命比紙薄」，無論怎樣努力，也無法辦到；有許多事情，你本來可以辦到，但人生苦短，精力有限，你做了這事，就做不了那事；還有許多事情，你終於做到了，但做到時的感受與當初不一樣，變味了。這就是所謂的「成熟」。

人年輕時都有「萬里覓封侯」的時候，然而像大地一樣堅實的現實無可逾越，「關河夢斷」是遲早的事，人生易老天難老，人生的缺憾，人生的失落不可避免。既然如此，對這樣無可抗拒的命運，我們何不悲壯地說：吾有以待。

其實，所謂命運，並不是一個先天的指令、一個指令的程序、一個程序的理念，而是一個人生的選擇、一個選擇的實踐、一個實踐的過程。所以人生中有許多的機遇。機遇是對命運的制衡，命運是對機遇的認同。人在年輕的時候，總是自信滿滿，以為會有很多的機遇在等著他，以致於機遇來時不懂得去珍惜。等到成熟時，才知道

「機不可失，失不再來」，遺憾的是這時候的機遇已經不多了。這就是真實的人生，這就是讓人悲喜交加的現實。毫無疑問的，成功的人都帶著機遇的影子；而有缺憾的人都無緣一睹機遇的芳顏。於是有時勢造英雄的喜悅，有生不逢時的浩嘆。機遇就是機遇，它可遇不可求，這就是它迷人的地方。對這樣迷人的機遇，我們何不虔誠地說：吾有以待。

對一個追趕朝露的人生，我們歡樂地說：吾有以待。

對一個無可抗拒的命運，我們何不悲壯地說：吾有以待。

對一個迷人的機遇，我們何不虔誠地說：吾有以待。

生活智慧

「兩軍相逢，勇者勝。」勇氣是戰爭勝負的重要因素。奇怪的是，《孫子兵法》中卻很少談勇。只在談「將」時，把勇作爲將必須具備的五種品質之一；在談「勢」時，提到「怯生於勇」，認爲「勇怯，勢也」；再就是在「地篇」中，提到「齊勇若一，政之道也」。爲什麼孫子不專門談「勇」呢？也許這可以解釋爲孫子「尙智」，所以只談詭、談計、談謀、談算、談法，而不多談勇。但這個解釋未必能從根本來說明問題。只要看看古代兵家的著作就可以發現，古時候的兵家幾乎都很少談勇，而且涉及到勇時，都與法度、獎懲連在一起。

歷史記載說，吳起是一個重視勇敢必須服從軍令的人，有一次，吳起帶兵與秦國打仗，進攻的軍令

尚未下，一個士兵就非常勇敢地衝過去，砍了兩個秦兵的腦袋回來。吳起當即下令斬了這個勇敢的士兵。

由此可知，古代的兵家很少重視或提倡戰士個人的勇敢，而只倡導軍隊整體的勇敢。但軍隊整體的勇敢是由軍中的法度、將帥的謀略來規範的。

不重生命個體而重社會整體，不重勇而重仁、重智，這樣的思想被歷來的思想家、政治家所提倡。孔子說：「仁者必勇，勇者不必仁」；孟子說：「此匹夫之勇也，敵一人者也。」匹夫之勇，即沒有智慧的個人性勇敢。所以孫子所提的「齊勇若一」談的雖是軍隊，有其獨特性，但卻也是中國傳統思想觀念的一個縮影。

生活智慧

過去有一句話：「大河有水小河滿，大河無水小河乾。」其實這句話與事實不符。大河總是由小河匯集而成，所以實際上應該是：「小河有水大河滿，小河無水大河乾」。我們歷來提倡集體英雄主義，反對個人英雄主義。其實，兩者未必對立，集體是由個人所組成的，沒有個體的勇敢，也就不會有集體英雄。

以虛實來探真假

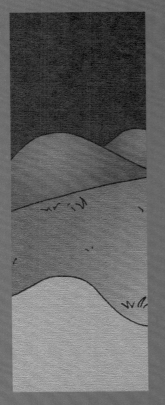

《孫子兵法》第六篇，篇名叫做「虛實」，事實上，虛實在軍事學上是一個很重要的概念，孫子也把它當作一個大問題來研究。虛則實之、實則虛之、虛虛實實、實實虛虛、以虛示實、以實示虛、以虛示虛、以實示實，這種種可說是軍事謀略中最為常見，又最變化無窮的藝術形式。

戰國時，孫臏曾以「增兵減灶」的計謀致龐涓於死地。「增兵減灶」根據的原理就是「以實示虛」。到南北朝時，另一軍事家檀濟道卻反其意而用之。

當時檀濟道奉宋文帝之命率軍征魏，凡三十餘戰，捷報頻傳。當打到歷城（今濟南市郊）時，因糧草不濟，準備退兵。不料宋軍中有人降魏，把宋軍缺糧的情況告訴了魏軍。若魏軍乘機窮追，宋軍勢必難逃全軍覆沒的厄運。

為救危亡，檀濟道心生一計。當夜幕降臨，他令士兵用斗量沙，並大聲報數，故意讓魏軍聽到。他又讓士兵把所剩不多的一點米拿出來，撒在沙袋上，放置路旁。等天亮後，宋軍退兵秩序井然，而檀濟道身著潔白衣服，悠然自得地坐在軍車上，舉止優雅，談笑風生。

魏軍見此情景，又發現路上有糧，聯想到昨夜聽到的量斗聲，認為宋並不缺糧，懷疑宋軍設有埋伏，而那投降的宋兵是詐降，意在引魏軍上當，便立即停止追擊。宋軍得以安然退卻。這就是「以虛示實」。

三國時代的一代人傑諸葛亮，最為人所知的「空城計」就是「以虛示虛」的最佳範例。

公元三九四年，後燕王慕容垂逆其意而翻出新花樣。當時他率軍進攻西燕，分兵進駐要路，同時公開進行戰爭宣傳。西燕王穆容永得知敵軍壓境，便針鋒相對分兵把手各路關口。經過一個多月的對峙，慕容垂雖一再宣稱要進攻，卻故意按兵不動，慕容永見此情景，頓生疑寶，認為敵方大張旗鼓而沒有動作，必定是想從南面迂迴、乘虛而入，便只留下部分兵力，與後燕對峙，而將主力南調。等西燕主力南去，慕容垂親率主力直攻過去，一舉攻克西

燕陣地。等慕容永倉促回師應戰,終被慕容垂打得狼狽大敗。慕容垂所用的軍事謀略就是「以實示實」。

　　虛實雖變化萬端、神秘莫測,但也萬變不離其宗。對主動進攻的一方來說,就是「避實擊虛」。敵人有實就有虛,虛就是它的致命弱點。以防守來看,「故備前則後寡,備後則前寡,備左則右寡,備右則左寡,無所不備,則無所不寡」。若我方集中兵力,「避其實而擊虛」,哪有不勝的道理?所以孫子以令人神往的表情說:「能因敵的變化而勝者,可謂神。」

一整部軍事史，幾乎所有的輝煌戰例，可以說是「避實擊虛」的傑作。以三國時期為例，這時期最著名的戰爭是官渡之戰和赤壁之戰。前者為曹操統一北方奠定了基礎，後者使三國鼎立的局面得以形成。

官渡之戰時，佔據北方冀、青、幽、并四州的袁紹自恃兵多糧足，選精兵十萬，欲南下消滅曹操。當時曹軍兵力只佔袁軍的十分之一。曹操在兩方面「避實擊虛」。其一是以逸代勞，避其朝銳，擊其暮惰；其二是烏巢劫糧，避其兵力，擊其糧草。烏巢劫糧被歷代兵家認為是這場戰爭勝負的關鍵。

官渡之戰，袁紹「虛」在糧草，而赤壁之戰，曹操則「虛」在水戰。精彩紛呈的赤壁大戰，周瑜、孔明高招迭出，環環皆死扣曹操的「虛」處。曹操北來，不習水戰，但因有熟諳水戰的荊州降將蔡瑁、張允操持，曹軍水寨竟「深得水軍之妙」，於是周郎假手蔣幹使出「反間計」；水上作戰，以弓箭為最佳武器，為了讓敵軍武器為我所用，於是孔明「草船借箭」，使曹操當了回吳、蜀盟軍的「運輸大隊長」；赤壁之戰，宜用火攻，若曹軍分散，火攻的殺傷力就不大，而必須讓曹軍船隻連成一片，於是便有「周瑜打黃蓋」和「連環計」兩計；火攻不能無風，所謂「東風不與周郎便，銅雀春深鎖二喬」。只有火借風勢才能使火攻大顯神通，於是又有諸葛亮的「借東風」。如此，只因「虛」處受此致命的一擊，龐然大物的曹軍轟地一聲仆倒在地。

實實虛虛，虛虛實實，戰爭中虛實的藝術，盡在其中。

虛實是一個哲學的一個大命題，它不僅僅在戰爭中，虛實的現象無處不在、無時不有。人身、人性、人格、生活、言行中，處處有虛實，如何「避實擊虛」，事實上，也是生活在這世上不可不學的課題或者應該有的謀略。

先來的吃肥肉，後來的啃骨頭

有關「兵貴神速」這句成語，有一個聞名歷史的例證。著名的軍事家，被譽為「騎在馬背上的世界精神」的拿破崙，就因為「格魯希元帥遲到一分鐘」，導致了拿破崙的滑鐵盧之敗。就是這要命的一分鐘，改寫了拿破崙的命運，在某種程度上，也改寫了歐洲的歷史。

其實，不只是「兵」，任何事情都貴在神速。從歷史法則中，我們知道「先到為君，後到為臣」。史籍中的亂世英雄哪一個不是乘時而動、捷足先登、佔據要津、事業有成的「神速」者？秦末時，遍野民怨，恰似星星之火，可以燎原。正是那個憤慨「帝王將相，寧有種乎」的陳勝，登高一呼，天下響應。陳勝最傑出的地方就在別人都想發一聲吶喊而尚未發出時，他第一個發出了吶喊。故《史記》中有《陳涉世家》。我們再來看看一些歷史人物：為逐秦鹿，共同主演楚漢相爭歷史劇的劉邦、項羽；各據天時、地利、人和，創造三國鼎立局面的曹操、孫權、劉備；亂中取權，化家為國，並創帝業三百年的李世民；因勢利導，結束長期分割局面，最終黃袍加身的趙匡胤；貧民出身，大亂時脫下袈裟投軍從戎，最終恢復漢人統治的朱元璋；明末時領導了歷史上規模最大的一次農民起義，把崇禎逼死在煤山（今景山）上的闖王李自成⋯⋯。這些歷史上的人物，沒有一個不是知微見著、能對歷史潮流作出最迅速、最準確反應的人。

歷史有時候就像一部現代版的軍事片導演，它在人們的眼皮底下，不動聲色地調換主角。有趣的是，連這種調換也是如此的「貴在神速」，以致於有些原主角還沒有反應過來，新主角已經「入戲」了。同樣有趣的是，觀眾對這種調換的適應力也是如此的「貴在神速」，以致於有些觀眾還沒有意識到發生了角色調換，他們自己就已經接受了新主角。

既然「貴在神速」，當然要動作快，動作快，當然就得冒一些風險。但這也和國貿中的規律一樣：風險越大，利潤越高。就拿吃螃蟹來說吧。首先吃螃蟹的人，自然中毒的風險高，但只要發現螃蟹沒有毒，而且

營養豐富、口味鮮美，那麼，他們就不僅僅吃到螃蟹，而且吃得很多。等到別人都知道螃蟹原來是如此可口、滋補的食物時，螃蟹已經被吃得差不多了，成了價格昂貴的稀有之物。只是，過去人們只注意到首先吃螃蟹的人所冒的風險，而忽略了他們也是吃到最多螃蟹的人。

　　貴在神速！貴在神速！在現實社會中，我們不難看到一些「先來的，吃肥肉；後來的，啃骨頭」的現象。我們有些忿忿，因為這裡面有不公平的地方。但先來的該不該吃「肥肉」是一回事，先來的吃到了「肥肉」是另一回事。我們也只有往好的地方去想，因為沒有肥肉可吃的緣故，也就不會有膽固醇太高的憂慮。

直視目標，
迂迴前進

　　一個人天生的、本能的走直路，這是公理。但一個人一生中絕對不可能只走直路，不走彎路，這也是公理。這就像世界上絕沒有任何一條路是筆直的，也絕對沒有任何一條河是沒有曲折一樣，這是不須要懷疑的。

　　我們無法想像一個人一輩子都走直路是什麼情形。因為一個人不可能一口氣就筆直地跑完了「生」與「死」兩點之間的「直線」距離，那豈不是最短的生命，豈不是剛剪斷了與母體連接的臍帶就又跑回到母親的子宮中？我們也無法理解一個人怎麼可能一生都走彎路。一個人的一生不可能像卡夫卡《城堡》裡的K，總想走到眼看著的城堡，可是城堡卻望不可及，左轉右繞就是走不進去。

　　我們不難明白，人生總是處在「迂」與「直」的糾葛中。你想實現人生的目標，就得學會怎麼走彎路，否則永遠達不到目標；你想成為一個正直的人，就必須學會作出一些「迂」的行為，否則根本就無法存在於世上。

　　人生中的目標、目的、理想是直的；人生中的道路、手段、方式是曲的。沒有直的目標，人生便失去了方向，失去了動力，人就會像茫茫大海中的一葉孤舟。沒有曲的歷程，人生便不是一支意蘊豐富的樂曲，而只是一個單調的長音符，不是一首感情深厚的讚美詩，而是一句枯燥、冗長的陳述句。人生總是在曲與直之間取得統一，化直為曲、以迂為直。人生的真諦就在曲折的經歷中實現自我執著的追求。

　　所以，孫子說：「凡用兵之法，……莫難於軍事。軍爭之難者，以迂為直，以患為利」。孫子所說的又豈只是用兵之法而已。

生活
智慧

　　人生中的目標、目的、理想是直的；人生中的道
路、手段、方式是曲的。沒有直的目標，人生便失去
了方向與動力，沒有曲的歷程，人生便只是一個單調
的長音符，人生總是在曲與直之間取得統一，進而實
現自我的追求。

不斷進攻，迅速得勝

《孫子兵法》中說：「兵貴勝，不貴久。」用兵打仗時，一定要速勝，而不應該把時間拖長，變成久戰不決。因為久戰兵疲，戰費、糧料的消耗也會增加，內部容易發生紛亂。盡速的求得勝利，才是正確的戰略。

打仗就像其他的生產活動一樣，要有目標，要講效益。所謂目標就是滿足自己的利益，取得戰爭的勝利，所謂效益就是以最小的犧牲以及最少的損失，在最快的時間內取得勝利。就寫文章來說，人的精力有限，如果進行一種程序化的腦力活動，一天也許可以寫六、七個小時；但如果進行的是一種個人思維的腦力活動，一天就只能做四、五個小時；如果忽覺大腦亢奮，思如泉湧，那麼兩個小時後你就會由興奮轉入抑制的狀態。如果你是枯坐半天寫不出一個字，這時候你還不如看看電視，或者出外閒逛。「兵貴勝，不貴久」空耗時間和精神是毫無意義的。

孫子「兵貴勝，不貴久」的思想在今天仍有借鏡的意義。在現代建設中，「時間就是金錢，效率就是生命」。任何建設項目都應投資快，以便早見效益，擴大再生產。這只是經濟學上的常識。在中國卻有這樣的建設項目：建設一年、停工二年、再建二年、再等待投資三年。有人戲稱此為「釣魚工程」。一項工程，一年建設完成比十年建設完成也許投資要少一半、效益要大十倍，可是偏偏就有非要十年才能建成的「胡子工程」。

孫子說得對：久戰不勝，就會「鈍兵挫銳」。出現「胡子工程」的現象與中國的政治體制、經濟體制有關。因體制而造成了「兵貴久，不貴勝」的弊端。譬如說，機構重疊，臃腫不堪，而有虛設官銜、五個科長一個兵、十羊九牧、人浮於事的現

孫子，你在說什麼？

象。這就像桌上有一只茶杯，某科員要拿它只是舉手之勞，但他不拿，非要請示。科員請示副科長，副科長請示正科長，正科長請示副處長，副處長請示正處長，然後又是一個批示的逆過程。這樣怎麼可能速勝，怎麼可能不久？如此這般，官場中怎麼可能不流行以慢取勝的「太極拳」？

生活智慧

在力學中，運動的速度愈高，動力愈大。子彈之所以能穿刺物體，完全在於運動的速度加大的關係。戰爭也是同樣的道理。不斷的進攻，迅速的求勝，是戰爭中最重要的原則之一。這樣的道理也可以運用在我們的人生中。不同的人生舞台，不同的人生策略，端乎一心。

根據對方的變動來應變

戰爭變化無常。孫子認為要贏得戰爭勝利必須「踐墨隨敵」，隨時根據敵情的變化而改變對敵的計畫或謀略。越是敵對的雙方，「踐墨隨敵」越靈活，越緊密。

人就像一台極為精密、複雜的感應器。任何溫度、溼度、空氣、光線的改變都能刺激人體而產生反應。人對社會中種種事物的變化所作出的反應，也和對自然的刺激所作出的反應一樣，只是更為隱密、複雜。所以，「踐墨隨敵」，幾乎可以說是人的一種本能。當然，不同的人對自然、社會的刺激感受的靈敏程度有所不同，反應也因人而異。一般而言，能準確感受到自然的刺激，並能作出敏捷反應的人，需要一個強健的機體；能準確感受到社會的刺激，並能作出敏捷反應的人，則需要一個健全的大腦。社會就像一塊發燙的土地，只要你站在上面，它就會刺激你，迫使你像穿上紅舞鞋一樣，在地上跳個不停。

打仗踐墨隨敵，生活則是踐墨隨時、踐墨隨世。所謂識時務者為俊傑，能順應歷史潮流才算得上是人生最大的韜略了。

有時，時事或生活發生了變化，我們卻不能隨著變化調整自己的

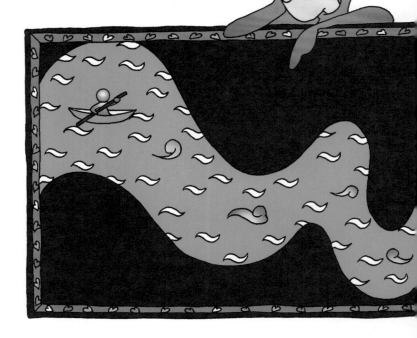

思路，就像中國古代寓言中那個「刻舟求劍」的人一樣。為什麼會有這樣的情形出現呢？因為踐墨隨敵、踐墨隨世要克服一種先入為主的成規定見，要克服既成的習慣和習慣所帶來的思維惰性。這時，真正的敵人就是成見、習慣和惰性。

　　也許我們都有這樣的經驗：原來書櫥放在房間的左邊，只要拿書，你就會不加思索地向左邊走去；後來書櫥搬到了右邊，當你想要拿書時，還是經常會不知不覺地走向左邊。這就是習慣作用。這事很具體，你能清楚地意識到這點，並迅速地糾正這個習慣。但如果問題涉及到由無數的細微末節所構成的生活方式、思維觀念時，就很難用一種硬性的事實來驗證其對錯。沒有任何東西能證明一種生活方式、思維觀念有錯誤，所以要改變它們就很困難了。

　　「踐墨隨敵」、「踐墨隨時」就要隨機應變、見機而作。隨機應變需要創造性，見機而作需要靈感。有一則故事：有一場鸚鵡大會，要每一隻鸚鵡說一句話，誰的話最精彩，就頒給誰金牌。有一隻鸚鵡成為金牌的得主。它說的話是：「今天怎麼有這麼多的鸚鵡呀！」這就是很精彩的「踐墨隨敵」了。

生活智慧

　　社會就像一塊發燙的土地，只要你站在上面，它就會刺激你，迫使你像穿上紅舞鞋一樣，在地上跳個不停。所以你要有健全的大腦和強健的體魄，隨時能夠「踐墨隨敵」，你的人生就很有意思了。

忍耐別忍到沒氣

天、地、道、氣、陰、陽等等是中國古文化的一些最基本的概念。僅以其中的「氣」來看。哲學中談氣，「天地合氣，萬物自生」（王充）、「太虛不能無氣」（張載）；中醫更重氣，氣被認為是生命的本體，是「元氣」、「精氣」，而且連人體器官也有「氣」，如肝氣、胃氣、中氣。簡言之，一切都有氣。天有氣，曰天氣；地有氣，曰地氣；歷史興衰有氣，曰氣運、氣數；社會有氣，曰民氣、風氣、正氣、邪氣；人自然也有氣，曰氣質、氣節、氣魄、志氣、勇氣。當然，打仗中也必有氣。「士氣」是戰爭勝負的關鍵因素之一；而「一鼓作氣」的典故便來自戰爭。

《孫子兵法》也論氣。〈軍爭篇〉中說：「故三軍可奪氣，將軍可奪心。是故朝氣銳，晝氣惰，暮氣歸。故善用兵者，避其銳氣，擊其惰歸，此治氣也。」這裡所說的「氣」，是指士氣，即軍隊的精神狀態。而文中明確提出的「治氣」更有其深刻的理論價值，氣雖然質無定形、難於捉摸，卻是一種實實在在的東西。至今我們尚須深入研究。

人需要治氣。諺語說：「一日之計在於晨。」一天最好的時光在早晨。這和孫子的理論不謀而合，也是治氣的方法之一。人的精力有限。大腦處於興奮狀態是創造思維的最佳時機。這就是「朝氣銳」。當你處在這種狀態時，切切不可放過這一時機，要利用它來思索那些重大的、平時難以解決的問題。又，「後發制人」也是治氣的另一種方法。兩人發生爭執，你不妨保持冷靜，「蓄氣」以待，讓他口沫橫飛，盡其所言，言無可言，精疲力盡之時，再「於無聲處聽驚雷」，以所蓄之氣，擊其惰歸，定可畢全功於一役。

中國人歷來講究「小不忍則亂大謀」，尤其推崇「忍」。這當然是在治氣。但這只是治氣的一個方面。當忍則忍，當怒則怒，這才是「治氣」

的全部眞諦。你對社會的一些腐敗現象能忍嗎？你對歹徒的無法無天能忍嗎？你對經濟長期的不景氣能忍嗎？……你若都能忍，那不是「治氣」，而是沒氣。人沒有了「氣」，便形同枯槁。人人都如此，那麼，這樣的社會便在「忍」中沉寂下去了。這是非常可怕的。最不可容忍的恰是忍本身。原東德戲劇大師布萊希特的劇本《伽利略》中有句台詞：人們啊，你們有神聖的忍耐，你們神聖的憤怒到哪裡去了呢？「治氣」精要盡在此。

生活智慧

人人有氣，卻不懂得治氣。讓我們細細體會孫子所說的「朝氣銳，晝氣惰，暮氣歸」，把它運用在我們的人生中，讓一切有關人的氣質、氣節、氣魄、志氣、勇氣發揮的淋漓盡致，讓質無定形、難於捉摸的「氣」成為我們真實生活的一部分。

只知賞罰是管理的下下策

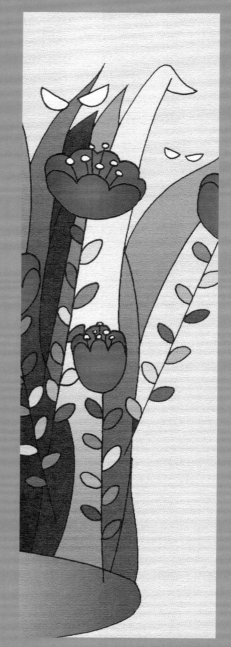

　　《孫子兵法》中説：「屢賞者，窘也；數罰者，困也」。這句話的意思是説，如果不斷地頒發獎賞，那是因為你沒有辦法鼓舞士氣，這是窘迫的表現；如果不斷地施行懲罰，那是因為你處境困難，擺脱不了困頓。

　　為什麼孫子説「屢賞者，窘也」呢？因為你之所以不斷地獎賞，一定是因為人心倦怠、士氣低迷，你沒有能力扭轉這樣的局面，只好把獎賞當作唯一的法寶；但法寶用了，獎賞施了，低迷依舊，倦怠如常，這時候，你雖然想用別的法寶，卻找不到，只好獎賞加碼，一獎再獎，或者獎這個不行，再獎那個。如此一而再，再而三的「屢獎」，不正説明了你的窘迫嗎？同樣的道理，為什麼孫子説「數罰者，困也」，你一定是處境不妙，軍心渙散，士卒置軍令於不顧，你別無良方，只好懲罰加級，一罰再罰，或者罰了這個罰那個，終使軍令完全失去了效用和嚴肅性。如此的「數罰」，不是顯現出你的困頓不堪嗎？

「屢賞者，窘也；數罰者，困也」說的雖是針對軍隊而言，但這樣的現象同時存在於有些社會中。例如，有的企業家改革無術，提高生產力無方，只好以巧立名目、濫發獎金來維持局面；有的部門不是精兵減政、任人唯賢，而是人人調薪、個個升官，以至於幾個科長一個兵；有的部門三天一小宴，五天一大宴，……這些都是變相的「屢獎」。另一方面，對某些經濟效益好的企業，這個部門光顧、那個部門上門，四面伸手，八方揩油，最後使得企業困頓不堪；對發展教育事業的專用款項，這級「開源」，那級「節流」，雁過拔毛，羊過放血，最終窮了學校苦了孩子；這些無不是變相的「數罰」。這些「屢獎」、「數罰」之所以成為一種社會現象，說明國家的法制不夠健全，管理上頗多漏洞。若不能制止這種現象，社會就會處於困頓、惶惑的狀態。長此以往，當然不可設想。

屢賞、屢罰，窘困也，能不戒慎乎！

生活智慧

屢賞、屢罰，代表著沒有能力扭轉任何窘迫所採取的一種無奈的方法。它只會使得局面更糟、更無法收拾，所以，無論是在軍隊、社會裡，或家庭中，都應避免「屢賞者，窘也；數罰者，困也」這樣的現象發生。

善待將領比善待小兵更有用

孫子說：「夫將者，國之輔也，輔周則國必強，輔隙則國必弱。」、「故知兵之將，生民之司命，國家安危之主也。」將軍是戰亂黑夜中的一顆閃亮的星。將軍，他能救百姓於水火；將軍，他能安邦定國於危難。將軍最能表現民族魂魄，成為民族英雄。

「將者，智、信、仁、勇、嚴也。」缺少其中之一，都稱不上是良將，所以，「三軍易得，一將難求」。古時不僅沒有軍事學校，連職業軍人也沒有，因此沒有誰可以在戰前的平常生活中訓練自己。即使後來有了軍校、軍訓、軍事演習，但軍校培養出來的也未必都當得了將軍。由此觀之，一代名將也可能是天生的。

當將軍最能直接、鮮明地滿足自我的競爭慾望。中國象棋棋盤上常寫著：棋逢對手，將遇良才。打贏一場難分難解的大硬仗之後，將軍也許會像浮士德一樣地發出感嘆：站住，瞬間，你是多麼美好啊！

但是，將軍也有將軍的煩惱，他們沒有正常的家庭生活，無法享受天倫之樂；他們長期處在緊張的狀態中，時時有死神在威脅，所以說，「將者，死官也」。更可怕的是，一但社會安定了，將軍會忽然「拔劍四顧心茫然」，不得不感嘆：「贏得身前身後名，可憐白髮生」，不得不「都將萬字平戎策，換來東家種樹書」，和平可以說是將軍們的末路。

歷史上的名將與君王之間的關係一直是史家最熱門的話題。最有名的君將關係大概是劉邦和韓信。關於他們及他們之間的恩怨，很多已成典故。其中最有趣的是兩人之間的一次對話。

那是劉邦當了皇帝後，對軍功高懸的韓信總不放心；而韓信也不能說一點野心也沒有。於是劉邦用計把韓信給擒了。之後，在一次閒聊中，劉邦問：

「你看我能統率多少人馬？」
韓信答：
「您最多只能帶兵十萬。」
劉邦又問：
「那你能帶多少呢？」
韓信答：
「韓信將兵，多多益善。」
劉邦嘲弄地笑問：
「你本事這麼大，怎麼還被我所擒呢？」
韓信沉默了一會兒，坦然答：
「您不善待兵，卻善待將。」

孫子，你在說什麼？

生活
智慧

　　將軍是戰亂黑夜中的一顆閃亮的星。將軍，他能救百姓
於水火；將軍，他能安邦定國於危難。將軍最能表現民族魂
魄，成為民族英雄。就個人來說，當將軍最能滿足自我的競
爭慾望。難怪會有人說：人間天堂，在聖書中、在馬背上、
在女人的胸脯上。

勇敢從恐懼產生

《孫子兵法》中說：「怯生於勇」。由於孫子說話的語境不復存在，其準確含意很難把握，故後人對此話的注釋不盡令人信服。現在不妨把這句話倒過來：勇生於怯，用現代的語彙來闡釋。打仗是勇敢的事業。所謂勇敢，就是正視危險，不怕死神的威脅。如果一個人無法理解什麼叫危險，儘管他無所畏懼，但卻不能說是勇敢。

　　人生而有懼，這種恐懼的感受在生命個體具有明確的意識前就已經存在，它潛沉在人心理的最底層，只要外界一有異動，我們本能地就會產生恐懼。天生的恐懼還可能源自於一種生命意識本能。人有生就有死，死本來就存在於生命中，人因之存在一種「死本能」。同時，死與生俱來，又時時刻刻虎視眈眈地在威脅生，只要你清楚地意識到生，就必然會意識到死，恐懼因此成為一種本能。所以，我們說人生而有懼。

　　世界上沒有任何事情比戰爭更能威脅人的生命。在戰爭中，死神就像個心懷叵測又蠻不講理的陰謀家，你知道它隨時都可能降臨，但又無法猜透什麼時候會降臨，它用心良苦，又漫不經心，它讓人感到屈辱，它讓人感到恐懼。

　　正因為如此，勇敢才是一個軍人難能可貴的素質；正因為如此，勇敢才是軍隊最須具備的一種精神。但是勇敢不是由無知、愚昧

產生，而是從恐懼產生。要做到「勇生於怯」，首先需要對人生有一種洞悉。生命是一種自由。這不僅是個體的自由，也是一個民族的自由。誰要侵犯了這種自由，誰就是在想毀滅人生的根基，這時人就必須抗爭。所以捍衛自由、維護正義是人生價值所在。難道還有什麼比侵犯人生自由、毀滅人生價值更值得恐懼的嗎？所以，當人正視了這一根本的恐懼，你就能從容地面對死神的威脅，這樣你就具備了勇氣，成為一個勇敢的人。

172──孫子，你在說什麼？

生活智慧

　　有人說：「盲人騎瞎馬，夜半臨深池。」最危險，但因為盲人「看不到」危險，所以不能說他勇敢。所以真正的勇，不是沒有恐懼，而是有所懼，卻超越恐懼。所以我們說：勇敢產生於恐懼。

打破常規的獎賞

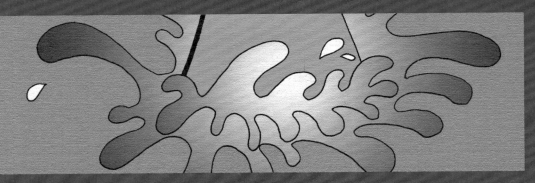

賞罰問題觸及人性。趨利避害，人之常情。賞是規範人趨利，罰是告誡人避害。從經濟學的角度來看，它涉及的是一個社會的分配制度；從政治學的層面來看，它關係到社會的安危興衰。獎賞向來是歷代兵家的一個心愛話題。孫子說：「施無法之賞，懸無政之令，犯三軍之眾，若使一人。」這無法之賞，指的就是打破常規的獎賞。

　　大軍事家吳起對賞罰學問極有心得，運用起來獨具一格。他為了做到軍令如山，有一次把一個車轅放在城的北門外，下令說：誰能把它搬到南門外去，就賞給他上等田宅。搬一根木頭怎麼會得到這麼巨大的獎賞呢？所以沒有人相信。木頭放了幾天後，有一個人覺得這也不過是舉手之勞，便試著搬了。吳起果然給了他巨賞。接著，吳起又把一擔豆子放在城的東門外，下令說：誰把它搬到西門外，賞他上好田宅。這次相信的人多了，都搶著去挑，吳起又按令行賞。不久，吳起要攻下秦國的一個烽火亭，他下令說：「明天進攻時，誰先登上去，不僅賞上等田宅還讓他做大官。」第二天，士兵無不爭先恐後、奮不顧身，結果一個早晨就攻克了秦國烽火亭。

　　秦失其鹿，天下共逐。劉項爭雄，最終劉邦稱帝、項羽自刎。箇中原因，一代名將韓信也有分析。他認爲重要的原因之一是項羽不懂得「施無法之賞」。雖然他關心部下，善待部下，但只是婦人之仁。一但須要封賞爵位時，就慳吝無比，所以傑出的人才多不被重用。劉邦恰恰相反，他對部下素來傲慢，不講禮節，但卻每每能「施無法之賞」。想當初韓信籍籍無名時，劉邦能聽從蕭何的勸告，毅然決然地拜韓信爲大將。這是韓信成了氣候以後始終不肯背叛劉邦的一個重要原因。

　　打破常規的獎賞，就是孫子所說的「施無法之賞」。如果社會中常常可以看到這樣的獎賞，相信將能使社會中的每一個成員都自然地趨善避惡、趨功避罪。如果我們看到的是有罪而有賞，這樣的社會就充滿了罪惡，人也就只會趨惡避善了。

人類自有文字記載以來，就把「戰爭」無數次地鐫刻在史冊上，似乎想借戰火來映照前行的道路。中國古代史上，內戰頻繁激烈，連綿最長的是春秋戰國和三國時期。而在古代戰爭史上最為輝煌的也正好是這兩個時期。前一時期，軍事謀略在孫子手上成為一門科學，孫臏、吳起等堪稱為軍事藝術家。後一時期，又有曹操、諸葛亮等許多著名的軍事家和將領。而反映這兩個時期的文學作品，《東周列國志》和《三國演義》都極具權謀。

戰爭是悲劇。它證明了人類存在的悲劇本性。為什麼人類要有戰爭，這只能是一個「天問」。戰爭讓人類自相殘殺，進而傷及無辜。戰爭讓人妻離子散，喪失家園，留給人類難以磨滅的心靈傷痛。戰爭是如此的無情，但為什麼還要戰爭？只能說，戰爭是人類上演的悲劇，戰爭是人性的弱點。

在人類誕生的時期，自然環境異常的惡劣，人與人之間如果不鬥爭，很快便會被毀滅。奮起鬥爭是人類求生存、謀發展的唯一驅動力。我們可以說鬥爭就是廣義的戰爭。在人類早期的部落戰爭中，強大者生，羸弱者死，這一殘酷的優勝劣汰，本能的使人類日漸強壯。就這個意義來說，人類文明的起源和發展應歸結於挑戰和應戰，難怪《孫子兵法》開宗明義：「兵者，國之大事，生死之地，存亡之道，不可不察也。」

戰爭發生在「萬物之靈」的人之間，他們以智慧相爭鬥，以力量相角逐，以意志相較量，所以往往能啟迪智慧、激發感情、磨礪意志，對創立英雄業績心

馳神往,聞戰鼓咚咚就熱血奔騰,讀戰爭故事就怦然心動。越是勢均力敵、悲壯激烈的戰爭,就越震撼人心。對手越強大,就會激發自己更強大;敵人越狡猾,就使得自己更聰明。這種相互激發,會把戰局推向高潮,將人類的智慧、力量發揮到極致。

　　戰爭是客觀的存在,是歷史的事實。戰爭也是人類的本性,就像新生命不斷地誕生,老生命不斷消亡一樣;又如同人的機體,新細胞不斷產生,舊細胞不斷死滅。新舊交替,一場發生在宇宙中、人類中、人的機體內永恆的廣義戰爭。它的存在再自然不過。

　　戰爭也許是人類不斷上演的悲劇,戰爭也許是人性的弱點,但讓我們正視他的存在,讓狹義的戰爭轉移到廣義的競爭,讓外在的戰場轉移到內在的人心,讓戰爭的精神活在每個人心中,隨時接受人生的挑戰。

創造歷史，實踐歷史

翻開典籍史料，有時腦子會突然冒出一個奇怪的想法：這些史籍資料會不會與我們開了一個天大的玩笑呢？它記載的是不是對人類影響最大的一些事情呢？它是否遺漏了一些對人類貢獻最偉大的傑出人物？它會不會提供的是一份方位、路線、景點全然錯了的遊覽圖，以致於使我們在遨遊歷史時錯得一塌糊塗？

　　這不是在懷疑一切嗎？這不是歷史虛無主義嗎？但我們不得不承認，典籍史料畢竟是一種客觀的存在。我們不相信史籍又能相信什麼呢？我們總不能憑空去虛構歷史。史籍畢竟提供我們一個依據。沒有這份歷史的遊覽圖，我們根本就沒法去遊覽歷史。沒有遊覽，哪裡又談得上對與錯呢？

　　不過，這樣奇怪的想法也可能有它一定的道理。誰沒有錯呢？上帝有錯誤。人們把自己托付給全知全能的上帝，祂自己全知全能，卻不讓人全知全能；祂要不能全知全能的人相信全知全能，這當然是不可能；於是「上帝死了」，祂扔下人不管就撒手而去。至少，這些都是祂的錯。

歷史也有錯。我們都知道歷史是在「否定之否定」的辯證理性中前進的。沒有錯，爲什麼要否定、再否定、不斷地否定呢？原始社會沒有錯？奴隸社會沒有錯？封建社會沒有錯？資本社會沒有錯？這簡直是一錯再錯。既然歷史也有錯誤，典籍史料怎麼會沒有錯誤？

　　典籍史料是什麼？無非是歷史上這個人或那個人關於自己的或他人的思想、感情、想像的一些文字記載，或者是他或他對外在事物的一些認識、判斷、推理的一些文字記載。任何史籍都有歷史價值與意義，但卻不說它就是歷史。誰能保證這個人的思想最正確、感情最偉大？誰能保證那個人的認識最科學、判斷最準確？誰又能保證正好是那些最有價值的文字在當時能發表、在今天能流傳？

善戰者無智名、無勇功，這是歷史眞實。對歷史眞實，我們只能承認。善戰者有智名、有勇功，這又是歷史眞實。對這樣的歷史眞實，我們也只能持肯定的態度。要不然，爲什麼時至今日還有人在寫孫子？

生活智慧

人生和歷史一樣，是一種創造，是一種實踐，是一種創造和實踐的過程。我們也許不能成為歷史人物，但卻可以選擇真實的「過」這一生，不管是對或錯。塞涅卡有一句話：「願意的人，命運領著走；不願意的人，命運拖著走。」

Leaves
Publishing

書號 L1005　　　書名 孫子，你在說什麼？

葉子出版股份有限公司

讀・者・回・函

感謝您購買本公司出版的書籍。
為了更接近讀者的想法，出版您想閱讀的書籍，在此需要勞駕您
詳細為我們填寫回函，您的一份心力，將使我們更加努力！！

1. 姓名：_____

2. E-mail：_____

3. 性別：□ 男 □ 女

4. 生日：西元_____年_____月_____日

5. 教育程度：□ 高中及以下 □ 專科及大學 □ 研究所及以上

6. 職業別：□ 學生 □ 服務業 □ 軍警公教 □ 資訊及傳播業 □ 金融業
　　　　　□ 製造業 □ 家庭主婦 □ 其他_____

7. 購書方式：□ 書店 □ 量販店 □ 網路 □ 郵購 □書展 □ 其他_____

8. 購買原因：□ 對書籍感興趣 □ 生活或工作需要 □ 其他_____

9. 如何得知此出版訊息：□ 媒體_____ □ 書訊 □ 逛書店 □ 其他_____

10. 書籍編排：□ 專業水準 □ 賞心悅目 □ 設計普通 □ 有待加強

11. 書籍封面：□ 非常出色 □ 平凡普通 □ 毫不起眼

12. 您的意見：_____
_____

13. 您希望本公司出版何種書籍：_____

☆填寫完畢後，可直接寄回（免貼郵票）。
　我們將不定期寄發新書資訊，並優先通知您
　其他優惠活動，再次感謝您！！

葉子
Leaves
Publishing

根
以讀者為其根本

莖
用生活來做支撐

葉
引發思考或功用

果
獲取效益或趣味